Historia de México

Una guía fascinante sobre la historia de México, desde sus antiguas civilizaciones, la conquista española y la guerra de independencia hasta el presente

© Copyright 2024

Todos los derechos reservados. Ninguna parte de este libro puede ser reproducida de ninguna forma sin el permiso escrito del autor. Los revisores pueden citar breves pasajes en las reseñas.

Descargo de responsabilidad: Ninguna parte de esta publicación puede ser reproducida o transmitida de ninguna forma o por ningún medio, mecánico o electrónico, incluyendo fotocopias o grabaciones, o por ningún sistema de almacenamiento y recuperación de información, o transmitida por correo electrónico sin permiso escrito del editor.

Si bien se ha hecho todo lo posible por verificar la información proporcionada en esta publicación, ni el autor ni el editor asumen responsabilidad alguna por los errores, omisiones o interpretaciones contrarias al tema aquí tratado.

Este libro es solo para fines de entretenimiento. Las opiniones expresadas son únicamente las del autor y no deben tomarse como instrucciones u órdenes de expertos. El lector es responsable de sus propias acciones.

La adhesión a todas las leyes y regulaciones aplicables, incluyendo las leyes internacionales, federales, estatales y locales que rigen la concesión de licencias profesionales, las prácticas comerciales, la publicidad y todos los demás aspectos de la realización de negocios en los EE. UU., Canadá, Reino Unido o cualquier otra jurisdicción es responsabilidad exclusiva del comprador o del lector.

Ni el autor ni el editor asumen responsabilidad alguna en nombre del comprador o lector de estos materiales. Cualquier desaire percibido de cualquier individuo u organización es puramente involuntario.

Índice

INTRODUCCIÓN 1
PRIMERA PARTE: MÉXICO TEMPRANO 500 A. E. C.-1400 E. C. 3
    CAPÍTULO 1: MÉXICO A. E. C. 4
    CAPÍTULO 2: CIVILIZACIONES ANTIGUAS 9
    CAPÍTULO 3: LA LLEGADA DE LOS AZTECAS 19
    CAPÍTULO 4: LA CAÍDA DE LOS AZTECAS 27
SEGUNDA PARTE: LA CONSTRUCCIÓN DE UN IMPERIO
(1500-1880 E. C.) 35
    CAPÍTULO 5: CONQUISTA Y COLONIZACIÓN 36
    CAPÍTULO 6: LA GUERRA DE INDEPENDENCIA Y EL PRIMER
    IMPERIO 48
    CAPÍTULO 7: SANTA ANNA Y LA GUERRA MEXICANO-
    ESTADOUNIDENSE 56
    CAPÍTULO 8: REFORMAS LIBERALES Y CONSERVADORAS
    (1850-1880 E. C.) 67
TERCERA PARTE: REVOLUCIÓN Y EVOLUCIÓN (1870 AL
PRESENTE) 74
    CAPÍTULO 9: EL MÉXICO DE PORFIRIO 75
    CAPÍTULO 10: ¡REVOLUCIÓN! 81
    CAPÍTULO 11: EL MILAGRO MEXICANO Y LA EVOLUCIÓN DE
    POSGUERRA 88
    CAPÍTULO 12: DE LA CRISIS A LA CONTEMPORANEIDAD: EL
    MÉXICO MODERNO 95

CUARTA PARTE: UNA VISIÓN TEMÁTICA 101
   CAPÍTULO 13: BATALLAS Y ACONTECIMIENTOS LEGENDARIOS 102
   CAPÍTULO 14: CIFRAS CLAVE 106
   CAPÍTULO 15: LA CUESTIÓN ESTADOUNIDENSE 113
   CAPÍTULO 16: CULTURA POP Y ESTEREOTIPOS 117
CONCLUSIÓN 121
VEA MÁS LIBROS ESCRITOS POR ENTHRALLING HISTORY 122
OBRAS CITADAS 123
FUENTES DE IMÁGENES 126

Introducción

La historia es, en muchos sentidos, una colección de historias. Quizá no haya una historia más dinámica o incomprendida que la de la gente y el lugar que llamamos México. Hogar de gloriosas civilizaciones antiguas como la olmeca, la maya y la azteca, es uno de los pocos lugares donde los descendientes directos de una de esas civilizaciones, los mayas, aún existen en gran número y siguen practicando parte de su cultura tradicional. Enormes pirámides de basalto y vastas ciudades que antaño albergaron a cientos de miles de personas fueron engullidas por las selvas de las que fueron talladas. La historia de México es la historia de algunas de las primeras colonizaciones europeas y un territorio del que España extrajo riquezas inimaginables de las minas de plata trabajadas por los indígenas. México se convirtió en el «crisol» original donde los colonos españoles se casaron con indígenas y descendientes de esclavos africanos, y donde nativos, africanos y europeos combinaron culturas para formar prácticas religiosas únicas, deslumbrantes obras de arte y una cocina deliciosa.

La historia de México cuenta con personajes de gran talla como el emperador azteca Itzcóatl, el conquistador Hernán Cortés, el revolucionario don Miguel Hidalgo, el primer emperador mexicano Agustín de Iturbide, el indomable «Napoleón de Occidente» Antonio López de Santa Anna, el presidente indígena y reformador liberal Benito Juárez, el segundo emperador Maximiliano I, el dictador Porfirio Díaz, los revolucionarios Emiliano Zapata y Pancho Villa, y la artista Frida Kahlo, por nombrar solo a algunos. Las biografías de estos individuos y su lugar en la historia de México se encuentran en las páginas siguientes, así como las historias de las innumerables multitudes que han vivido tiempos de guerra, enfermedad, triunfo, gloria, fiesta y hambruna, y han perseverado a través del éxito y la adversidad.

La historia que aquí se presenta es la de la diversidad, las ideologías enfrentadas, las invasiones, las batallas y los asesinatos, pero también la de la vida cotidiana de granjeros, rancheros, sacerdotes, maestros, abogados, médicos, científicos, etc. La narración se centra en los líderes de la sociedad mexicana para mostrar el origen de las decisiones que repercutieron en el resto del país.

Otros tres países hacen apariciones recurrentes en la historia de México: España, Francia y Estados Unidos. Cada uno de estos países esperaba ganar algo de México, y algunos tuvieron más éxito que otros. Sin embargo, cada uno ha dejado su huella en el país de formas que incluso ahora no se comprenden del todo. Por ello, a veces, hay que explicar brevemente lo que llevó a estos países a México, pero se trata solo de breves apartes. En general, este libro pretende ofrecer una historia completa de la apasionante gente y del país que es México.

Primera parte:
México temprano
500 a. e. c.-1400 e. c.

Capítulo 1: México a. e. c.

En las montañas del Astillero, en el centro-norte de México, a una altitud de unos 2.700 metros, la cueva de Chiquihuite parecería un lugar poco probable para suscitar controversia. Sin embargo, después de que algunas excavaciones iniciales indicaran una posible habitación humana, las excavaciones arqueológicas de 2016 y 2017 encontraron pruebas de actividad humana, principalmente pequeñas herramientas de piedra. La datación por radiocarbono de huesos de animales hallados cerca de las herramientas indicó que el yacimiento tenía unos 16.000 años de antigüedad. La sabiduría convencional ha sostenido durante mucho tiempo que los humanos llegaron a Norteamérica hace 13.000 años con la llegada de la cultura Clovis, conocida por sus distintivas puntas de lanza. La datación de los artefactos de la cueva de Chiquihuite contradice esta teoría e indica una llegada mucho más temprana, antes o durante un periodo conocido como el último máximo glacial.

Cuando estas pruebas se publicaron en *Nature* en 2020, causaron revuelo y varios arqueólogos expresaron sus dudas. Las herramientas de roca podrían haber sido rocas rotas de forma natural. El hecho de que las herramientas parecieran estar hechas solo de piedra caliza verde y negra, que no es común en la zona, es una prueba poco sólida, afirmaron, en comparación con el hecho de que en el yacimiento no había restos humanos, excrementos humanos fosilizados ni pruebas de un pozo de fuego. Los huesos de animales de la cueva también carecían de las señales de carnicería habituales en las primeras viviendas humanas en cuevas.

La cueva de Chiquihuite no está sola. Varios yacimientos de América del Norte y del Sur muestran señales de actividad humana antes o durante el último máximo glacial y ponen en tela de juicio los hechos desarrollados en el siglo XX.

Hay más en la controversia de la cueva de Chiquihuite que simplemente si un artefacto era una herramienta de piedra o la fecha exacta en que los humanos entraron por primera vez en la cueva. La nación moderna de México, dinámica, vibrante y a menudo incomprendida, se esfuerza por definirse a sí misma basándose en su pasado. La cuestión de quiénes fueron los primeros mexicanos, y cuándo y dónde inició México el viaje hacia lo que es hoy, es fundamental para establecer una narrativa nacional. ¿Cómo era el México prehistórico? ¿Quiénes fueron los primeros pobladores de México? ¿Cómo eran?

Las pruebas de la cueva de Chiquihuite aportan poco para responder a estas preguntas, pero podrían dar una fecha aproximada de cuándo llamaron hogar a México los primeros pobladores. Si fue hace 16.000 años, lo más probable es que viajaran desde el norte, en lo que muchos creen que fue una lenta migración a lo largo de miles de años. Según el equipo que trabaja en la cueva de Chiquihuite, los primeros humanos podrían haber llegado a Norteamérica hace 30.000 años, más del doble de lo que se creía. Sin embargo, estos pueblos han dejado pocas pruebas. Todo lo que puede decirse con cierto grado de certeza es que todas las pruebas apuntan a una migración desde Asia a Norteamérica hace varios miles de años. Sin embargo, aún no se ha determinado una aproximación exacta. Desde allí, los primeros humanos se extendieron gradualmente hacia el sur y el este, hasta las regiones habitables de América. Los primeros mexicanos formaban parte de esta población.

Los humanos empezaron a congregarse por primera vez en una zona conocida hoy como Mesoamérica, formada por las naciones actuales de Costa Rica, Guatemala, Nicaragua, Honduras, El Salvador, Belice y el centro y sur de México. Aquí se desarrolló una cultura distinta, definida por el cultivo del maíz (elote), los frijoles, el aguacate, la calabaza y la vainilla, en algún momento alrededor del 8000 a. e. c. Esto marca el inicio de lo que se conoce como el periodo Arcaico Mesoamericano, que duró hasta el año 2000 a. e. c. Durante este periodo, los primeros mexicanos pasaron de una sociedad centrada en la caza a otra más centrada en la agricultura. Esto no quiere decir que dejaran de cazar, sino simplemente que la agricultura se convirtió en la principal fuente de alimentos. Las mujeres eran responsables de gran parte del cultivo y la recolección de las cosechas, y mantenían un estatus elevado en esta sociedad. Como en otras partes del mundo, más o menos en la misma época, la transición a la agricultura se considera un paso hacia una civilización más avanzada.

Los investigadores han descubierto las pruebas más antiguas del cultivo de plantas en el Valle de Oaxaca, en el sur de México. Durante los periodos de abundancia, los paleoindios, esos primeros mexicanos, se reunían en grupos de veinticinco a cincuenta personas; en épocas de escasez, los grupos se separaban en familias nucleares de cuatro a seis miembros. El desarrollo de la agricultura hizo que los alimentos fueran más abundantes y las fuentes de alimentación más fiables. Esto significó épocas de escasez menos frecuentes, por lo que los grupos ya no se dividían en familias más pequeñas. Estos grupos, cada vez más numerosos, se convertirían más tarde en sedentarios y formarían aldeas. A partir de esta base, estos indígenas desarrollaron sociedades más complejas. Los grupos dependían cada vez menos de la búsqueda de alimentos y se apoyaban en partidas de caza dirigidas por hombres para complementar su dieta recién limitada. En lugar de una variedad de alimentos forrajeados, estos primeros mexicanos comían ahora casi exclusivamente maíz con unas pocas sustituciones.

Las primeras pruebas de horticultura sugieren que los paleoindios tenían pequeñas parcelas de tierra en las que intentaban cultivar alimentos. Más tarde, se expandieron y las pruebas de herramientas de piedra proponen que talaban bosques y excavaban. Después, ya en el 7300 a. e. c., empezaron a utilizar técnicas de roza, tumba y quema para limpiar la tierra y sembrarla en la costa caribeña de México. Pronto siguió la domesticación de las plantas. Las plantas fueron seleccionadas por su capacidad de ser modificadas genéticamente. El teosinte, el antepasado silvestre del maíz, fue criado selectivamente para producir plantas mucho más grandes con mazorcas más grandes. Esta nueva planta, el maíz, se creó en el sur de México y se propagó desde allí. Datadas en el 4300 a. e. c., las primeras mazorcas de maíz tenían solo dos hileras de granos. Los primeros mexicanos también domesticaron de forma similar la calabaza, las judías y los chiles.

Los mesoamericanos, paleoindios que ya habían desarrollado la civilización, del periodo Arcaico utilizaban herramientas de piedra. Utilizaban sobre todo piedra de chert, a menudo procedente de una zona del norte de Belice. Este chert era de calidad fina y podía convertirse en herramientas para cortar madera, raspar, excavar y como puntas de proyectil. A finales del periodo Arcaico, los paleoindios de pequeños asentamientos empezaron a producir la primera cerámica de México. Algunos ejemplos de las primeras piezas se encontraron en cuevas cerca de Tehuacán, México. La cerámica era sencilla y monocromática. En cerámica, se denomina periodo Purrón (2300-1500 a. e. c.) por la cueva donde los arqueólogos encontraron los primeros ejemplos. La loza tenía a menudo forma de calabaza, recordando que las calabazas se habían utilizado anteriormente para almacenar líquidos. Sin embargo, existen algunos ejemplos anteriores de cerámica, sobre todo en el yacimiento de Zohapilco, donde se cree que se utilizaban figuras con forma humana de 5.000 años de antigüedad en ritos de fertilidad.

Las pruebas arqueológicas indican que los mesoamericanos empezaron a pasar de asentamientos nómadas a seminómadas y luego a semipermanentes ya en el año 3000 a. e. c. Esta transición no fue rígida, sino fluida. Los yacimientos de la costa del golfo y del altiplano central muestran grupos de recolectores, cazadores y agricultores que vivían y trabajaban juntos en aldeas permanentes establecidas. Las estructuras que construían eran perecederas y no estaban pensadas para durar más de unas pocas estaciones. Comenzó a desarrollarse el comercio entre estos asentamientos, especialmente de obsidiana, que se ha encontrado en aldeas alejadas de su fuente. Los poblados aparecían a menudo a lo largo de las costas gracias a la abundancia de alimentos y recursos en las lagunas protegidas. En muchos de estos lugares se pueden encontrar túmulos de conchas, grandes vertederos compuestos por conchas, huesos y otros materiales desechados. Muchos poblados solo estaban ocupados estacionalmente, mientras que algunos estaban activos todo el año. Los recursos fueron el primer atractivo de muchos poblados, pero a medida que la población de los poblados crecía y los grupos se expandían, las zonas semiáridas también empezaron a tener asentamientos.

El periodo Arcaico Tardío, del 2500 a. e. c. al 1000 a. e. c., se funde con el periodo Preclásico, cuando se establecieron asentamientos más permanentes y la cerámica empezó a adoptar estilos más pronunciados. Durante este periodo se produjo un declive general de las civilizaciones florecientes y una consolidación de las culturas. De ahí surgieron culturas más identificables. Las más notables son la olmeca, de la que hablaremos en el próximo capítulo, y la cultura de Tlatilco, que se desarrolló en 1250 a. e. c. en el Valle de México.

La cultura Tlatilco tuvo asentamientos permanentes. Surgió un cacicazgo en el pueblo de Tlatilco, en el lago de Texcoco. Fabricaban una excelente cerámica, tanto para fines prácticos como ceremoniales. La cerámica de Tlatilco es muy fina, con iconografía tomada de la olmeca. Incluye «figurillas con cara de bebé», estatuas de no más de diez pulgadas de alto con «engobes» o revestimientos de color crema o blanco bruñido. Los cuerpos son típicamente regordetes e indistintos, mientras que los rostros son más detallados. Estas figuras abundan en el registro arqueológico. Sin embargo, su finalidad sigue siendo desconocida. Una figura de cerámica encontrada en Tlatilco llamada el «Acróbata» muestra a un hombre apoyado sobre sus codos con las piernas y la espalda dobladas hacia arriba detrás de él, de modo que sus pies descansan sobre la parte superior de su cabeza. Una de las rodillas tiene una abertura que indica que esta figura se utilizaba como recipiente para líquidos.

Los restos humanos de individuos de alto estatus en Tlatilco muestran señales de deformación craneal artificial. Civilizaciones posteriores continuaron esta práctica. A partir de sus registros, los investigadores modernos han aprendido que existían varios métodos para aplanar y alargar la cabeza de un niño que, una vez hechos, se mantenían hasta la edad adulta. Los Habitantes de Tlatilco parecen haber practicado estos métodos, al igual que los olmecas. Esto seguiría siendo una parte distintiva de la cultura mesoamericana, junto con el cultivo del maíz y, finalmente, el sacrificio humano. Mucho sobre la deformación artificial del cráneo sigue siendo un misterio, que hoy en día se llena inútilmente con diversas teorías conspirativas. En el yacimiento de Tlatilco había muchas figuras de cerámica con deformidades, incluidas figuras femeninas bicéfalas. Esto ha llevado a algunos historiadores a sugerir que el pueblo podría haber sido un lugar de agrupación de gemelos unidos.

Aun así, Tlatilco se componía de un grupo relativamente pequeño. El centro y el sur de México producirían civilizaciones mucho más prominentes y avanzadas en los siguientes 2.500 años. Construirían enormes y hermosos centros metropolitanos con enormes templos de piedra y grandes canchas para practicar sus peligrosos deportes. Crearon lenguas y religiones con poderosos reyes y sacerdotes. Libraron guerras y conquistaron vastos imperios. Extensas redes comerciales se extendieron como zarcillos que conectaban las ciudades con las aldeas y las costas. Los más notables fueron los olmecas, mayas, toltecas y aztecas.

Capítulo 2: Civilizaciones antiguas

Los olmecas

Tres Zapotes, cabeza 1[1]

Contemporánea de Tlatilco fue una cultura mucho mayor y quizá más sofisticada: la olmeca. Al igual que Tlatilco, los olmecas son una «cultura arqueológica». Esto significa simplemente que, dado que no dejaron registros escritos, se definen únicamente por los artefactos que llevan su sello. Por lo tanto, no sabemos cómo se llamaban a sí mismos los olmecas. El nombre «olmeca» procede de escritos españoles posteriores de un término en náhuatl, una lengua azteca. Este término significa «gente del país del caucho», principalmente en la parte norte del istmo de Tehuantepec. Estos «olmecas» vivían cerca del sur de la costa mexicana del golfo, donde se encuentran artefactos olmecas, por lo que el nombre se aplicó a la antigua civilización. Ningún azteca conoció jamás a un olmeca.

La datación por radiocarbono demuestra que la civilización olmeca existió entre 1150 y 400 a. e. c., siendo anterior a todas las demás civilizaciones de México. El surgimiento de la civilización olmeca coincide con lo que los historiadores denominan el periodo Formativo de Mesoamérica. En esa época se encontraron por primera vez muchos elementos distintivos de la civilización mesoamericana. Los yacimientos olmecas contienen hábiles tallas en piedra, en su mayoría de figuras humanas con expresiones detalladas. Muchas de las ciudades olmecas presentan pirámides de tierra. Las cabezas colosales, los tronos y las estatuas de aves, felinos y monstruos demostraban el poder de los líderes olmecas. La capacidad de organizar la extracción de piedra de las montañas de Tuxtla, la entrega de la piedra a la ciudad y la realización de las esculturas demostró lo influyentes que eran los líderes. Algunos historiadores creen que cada cabeza representa a un gobernante en particular.

La cultura olmeca es quizá más conocida por estas colosales cabezas talladas en piedra. Fue precisamente una cabeza de este tipo la que llevó a los arqueólogos a sospechar de la existencia de los olmecas. Anotada por un campesino a finales del siglo XIX y mencionada después en un libro por investigadores estadounidenses en la década de 1920, la cabeza colosal 1 de Tres Zapotes fue excavada en 1938 por el arqueólogo del Smithsoniano Matthew Stirling. Una vez descubierta, se reveló que la cabeza medía 147 centímetros y parecía masculina, llevando algún tipo de casco. Con un peso de ocho toneladas, está hecha de un tipo de piedra que no se encuentra en la región y debió ser llevada hasta allí a través de varios kilómetros de terreno pantanoso. Aún se desconoce cómo los olmecas lograron esta hazaña.

Puede que la cabeza colosal 1 de Tres Zapotes fuera el primer artefacto que demostró al mundo la existencia de los olmecas, pero el yacimiento de Tres Zapotes distaba mucho de ser el único sitio olmeca. También se han encontrado complejos permanentes de ciudades-templo en San Lorenzo Tenochtitlan, La Venta, Laguna de los Cerros y muchos yacimientos más pequeños. La cabeza olmeca más alta mide más de tres metros y se encuentra en La Cobata, en Veracruz. La cabeza de La Cobata es también la más pesada, con un peso de cuarenta toneladas. Algunos historiadores creen que la cabeza de La Cobata está inconclusa porque carece de los detalles redondeados de las otras cabezas. También es la única cabeza encontrada en La Cobata. Las otras dieciséis cabezas se encuentran en San Lorenzo, La Venta y Tres Zapotes. También hay una posible cabeza colosal en el yacimiento de Takalik Abaj, en el suroeste de Guatemala, que data de alrededor del 400 a. e. c. Se trata de uno de los primeros yacimientos identificados con la cultura maya. Todos los yacimientos se encuentran en los estados mexicanos de Veracruz y Tabasco, a menudo llamados Olman.

Desde el inicio del periodo olmeca hasta aproximadamente el 900 a. e. c., San Lorenzo fue el centro de la cultura olmeca. Aquí se han encontrado más cabezas colosales que en ningún otro yacimiento, la mayor de las cuales pesa veintiocho toneladas. Las cabezas están hechas de basalto de las montañas situadas al norte de San Lorenzo.

Tras el declive de San Lorenzo en el 900 a. e. c., el emplazamiento de La Venta se convirtió en el nuevo centro del poder olmeca. La Venta está situada en una isla en un pantano costero cercano al golfo de México. A diferencia de la mampostería encontrada en San Lorenzo, las estructuras supervivientes de La Venta están hechas principalmente de arcilla, ya que la piedra no abundaba en la zona. La ciudad está orientada de norte a sur, a lo largo de doce millas y cuenta con una gran pirámide (Complejo C), cuatro cabezas de piedra y una plaza orientada hacia la estrella Polaris. Este último rasgo demuestra que los olmecas tenían algún conocimiento de astronomía. La mayor de las cuatro cabezas mide 2.3 metros de altura y pesa veinticuatro toneladas. También hay siete altares de basalto, cinco tumbas formales y muchos otros monumentos, esculturas y grandes pavimentos de jadeíta.

Los olmecas tallaban la jadeíta con extrema habilidad. A partir del año 900 a. e. c., los artistas olmecas empezaron a tallar máscaras de jade de tamaño natural que parecían casi plástico moldeado, lo que demuestra su habilidad para esculpir y pulir esta dura piedra. Su arte siempre tenía un propósito, representar a una persona viva o a una entidad religiosa. Creían que la Tierra era una criatura viva y la representaban como un monstruo con una boca enorme.

Los olmecas adoraban a los dioses del viento, la lluvia y el maíz. Gran parte de la prosperidad y estabilidad olmeca parece haber provenido del maíz, que cosechaban en grandes cantidades y comerciaban con los pueblos de fuera. El dios del maíz se muestra a menudo con una mazorca de maíz sobresaliendo de su cabeza hendida.

Los olmecas extendieron su religión a otras zonas. Su imperio, si puede llamarse así, no era de dominación, sino de la abundancia de la agricultura y la importancia de mantener buenas cosechas. Los olmecas sacrificaban objetos preciados a sus dioses en los lugares sagrados de las montañas, como pelotas de goma y hachas de jade. Los olmecas también rendían culto en cuevas sagradas, a menudo con fuentes de agua subterráneas. Los sacerdotes recogían el agua sagrada que corría en estanques para diversos ritos. Estos elementos —el dios del maíz, el dios de la lluvia, las montañas sagradas y cuevas— aparecerían en civilizaciones mesoamericanas posteriores. La gran estima de los olmecas por el jaguar como animal espiritual también se trasladaría a naciones posteriores.

Los olmecas fueron la primera civilización que domesticó la planta del cacao. Las bebidas de cacao eran un elemento básico de muchas ceremonias religiosas, y aún se pueden encontrar restos de estas bebidas en el interior de cerámicas descubiertas en excavaciones. Estas primeras bebidas de chocolate se parecen muy poco a las que consumimos hoy en día. Para empezar, la pulpa del fruto se dejaba en la bebida. El árbol del cacao era considerado el «árbol del mundo» y un conducto hacia los dioses. Los granos de cacao se dejaban fermentar y se mezclaban con agua, vainilla, canela y, a veces, chile rojo. La bebida se vertía cuidadosamente en una olla para crear una gran cantidad de espuma, que se creía que representaba al dios del viento. La bebida se utilizaba en ceremonias o se recetaba para curar dolencias como afecciones cutáneas, fiebre y convulsiones. Se creía que el cacao podía expulsar la enfermedad del cuerpo. Civilizaciones posteriores pensaban que los humanos estaban hechos de cosas dulces como el maíz y el cacao. Es probable que los olmecas también creyeran esto. No lo consumían regularmente como los mayas y los aztecas, sino que seguía siendo un elemento de uso religioso y medicinal.

Los mayas

Los mayas se desarrollaron durante los periodos Arcaico y Preclásico. Sin embargo, su mayor impacto se produjo cuando empezaron a construir ciudades alrededor del 750 a. e. c. La civilización maya no era un verdadero imperio, sino que se componía de ciudades-estado vagamente aliadas. Estas ciudades contaban con monumentales edificios de piedra, como las pirámides de los templos, que se convertirían en famosos símbolos de sus logros. Su ciudad más grande fue Tikal, en la actual Guatemala, que contaba con una población de más de 100.000 habitantes. La ciudad de Cobá albergaba una población estimada de 50.000 personas y alcanzó su apogeo entre los años 500 y 900 de nuestra era. La pirámide más alta encontrada en Cobá, en el estado mexicano de Quintana Roo, es Ixmoja, que mide 42 metros. En su época fue una de las ciudades más grandes y poderosas de Yucatán. Coba mantuvo un estrecho contacto con Tikal y concertó alianzas con las ciudades locales. También tuvo la competencia de la enorme ciudad del centro de México, Teotihuacán. Los mayas mantuvieron un comercio a larga distancia entre las tierras bajas del Yucatán mexicano y las tierras altas de Guatemala.

Los mayas también desarrollaron un sofisticado lenguaje de glifos que no fue descifrado por los eruditos modernos hasta 1973. Al igual que otros mesoamericanos, cultivaban y se alimentaban principalmente de maíz, judías, calabaza y chiles.

Los olmecas influyeron claramente en los mayas. Al igual que los olmecas, practicaban deportes con pelotas de goma en grandes canchas. La mayoría de las grandes ciudades tenían un rey-sacerdote y una clase noble que se casaba dentro de su casta. El rey o la reina eran el Árbol de la Vida; a través de ellos, la ciudad podía tener contacto con los dioses. Parte de los ritos religiosos de la civilización maya consistían en derramamientos de sangre y, a veces, sacrificios humanos. La mayoría de sus rituales religiosos se llevaban a cabo en la cima de las pirámides de sus templos, que eran de piedra y a menudo el punto focal de la ciudad.

Los mayas desarrollaron un sistema calendárico increíblemente preciso, el mejor calendario de todos los pueblos antiguos. Uno de sus calendarios, el ciclo Haab, tiene 365 días y corresponde, por tanto, al año solar. También tiene diecinueve meses; dieciocho constan de veinte días, y un mes solo dura cinco días. El calendario sagrado, el Tzolk'in, tiene un ciclo de 260 días que se corresponde tanto con el ciclo lunar como con el periodo de gestación de los embarazos humanos. La ronda del calendario se hace combinando los calendarios Haab y Tzolk'in. Este calendario no se repite hasta que han transcurrido 52 ciclos de 365 días, lo que significa 52 años, la edad a la que un maya puede considerarse anciano.

Todo lo que superara los 52 años requería un calendario especial conocido como la Cuenta Larga. Este se utilizaba a menudo para acontecimientos míticos o históricos antiguos. Su fecha de creación es, por tanto, el equivalente al 11 de agosto de 3114 a. e. c. Este sistema de calendario sigue siendo utilizado por los mayas que viven en Mesoamérica, donde sus antepasados vivieron hace miles de años. Un malentendido de la Cuenta Larga llevó a muchos a creer que ocurriría un desastre el 21 de diciembre de 2012, el solsticio de invierno que puso fin a una parte de la Cuenta Larga. Para los mayas, la verdad era que esto significaba simplemente el paso de un nuevo periodo de tiempo, como el cambio de siglo o de milenio.

El periodo Clásico Maya abarcó desde el 250 al 900 e. c., que a veces se divide en Temprano (250-600), Tardío (600-800) y Terminal (800-900). La ciudad de Tikal construyó sus enormes estructuras monumentales, principalmente durante el periodo Maya Tardío. En Tikal, los arqueólogos descubrieron la tumba de un gobernante maya, o más exactamente *ajaw*, Jasaw Chan K'awill I, también llamado «Ah Cacao» y «Lluvia Celeste». Gobernó Tikal desde 682 hasta su muerte en 734. Derrotó notablemente a la ciudad maya rival de Calakmul, una poderosa ciudad de las tierras bajas mexicanas. Era la sede del llamado «Reino de la Serpiente» porque los *ajaws* de Calakmul se llamaban a sí mismos los Señores de la Serpiente.

Durante el periodo Terminal de la cronología del Clásico Maya, muchos yacimientos, entre ellos Calakmul, Tikal y otras grandes ciudades como Copán y Palenque, iniciaron un rápido declive y acabaron siendo abandonados. En muchos lugares, los bosques reclamaron los yacimientos y pasarían siglos antes de que fueran descubiertos. Las teorías sobre el colapso son abundantes. Algunos historiadores sugieren el cambio climático, la deforestación, la guerra, las enfermedades o la invasión extranjera, pero ninguna teoría parece responder al misterio del declive de los mayas. Aunque sus antepasados aún vivían en partes de México, Guatemala y otros lugares, la construcción de estructuras de piedra y de enormes áreas metropolitanas cesó hacia el año 900 de nuestra era.

Una teoría del declive es el colapso de las intrincadas rutas comerciales mayas, que incluían Teotihuacán. Esta enorme ciudad de casi 200.000 habitantes comenzó su rápido declive alrededor del año 750 o ya en el 600 de nuestra era. Teotihuacán no era el nombre original de la ciudad. Era un término azteca que significaba «Lugar de los dioses». Esta parte del centro de México, habitado por primera vez por humanos alrededor del año 600 a. e. c., era en realidad un conjunto de algunas aldeas dispersas. En el 200 a. e. c., Teotihuacán adquirió un formato más urbano. El sitio contaba con manantiales que reunían a los agricultores. Aproximadamente a partir del año 1 e. c., la ciudad creció de forma explosiva. Aunque los ciudadanos vivían en lo que eran esencialmente complejos de departamentos, no todos ellos estaban hechos igual. Hay pruebas de al menos tres clases diferentes de viviendas debido al material utilizado, el tamaño de las habitaciones y la distancia al centro de la ciudad.

Del 1 al 300 e. c., Teotihuacán construyó muchas de sus estructuras más notables, entre ellas la pirámide del Sol, la pirámide de la Luna, el templo de la Serpiente Emplumada y la avenida de los Muertos. Durante el periodo comprendido entre los años 300 y 600 de nuestra era, la población de la ciudad alcanzó su máximo, convirtiéndose en la sexta ciudad más grande del mundo en aquella época. La mitad de toda la población del Valle de México vivía en la extensa ciudad de Teotihuacán.

Teotihuacán alcanzó su apogeo en 450 y su influencia se extendió por toda Mesoamérica. Sin embargo, no está claro si esta influencia fue directa, a través del militarismo, o indirecta, a través del comercio y la cultura. La ciudad sigue siendo misteriosa porque no hay nada que indique la presencia de un rey o líder de la ciudad. A diferencia de las ciudades de los zapotecas, mayas y olmecas, no hay pruebas de canchas de pelota, ni siquiera representaciones de guerras.

A pesar del evidente contacto con la cultura maya letrada, no hay pruebas de que existiera escritura en Teotihuacán. Su religión era compleja. Practicaban el sacrificio humano y tenían muchos dioses, principalmente la Gran Diosa de Teotihuacán y la Serpiente Emplumada. La Serpiente Emplumada, llamada Quetzalcóatl por los aztecas y Kukulkán por los mayas yucatecos, era una deidad que se cree que tenía su origen en los olmecas. Los habitantes de Teotihuacán ciertamente adoraban a este dios cuando construyeron el templo de la Serpiente Emplumada. Sin embargo, existen pruebas de que, en algún momento, el culto a la Serpiente Emplumada cayó en desgracia y algunos líderes religiosos se vieron obligados a abandonar la ciudad.

Algunos de los complejos de departamentos de los nobles presentan marcas de quemaduras que muy probablemente coinciden con el declive de la ciudad. Muchos historiadores creen que las luchas internas provocaron el fin de Teotihuacán. La población de la ciudad descendió drásticamente. Aunque seguía habitada, nunca recuperó nada parecido a su tamaño y poder durante su apogeo. Las ciudades mayas iniciaron entonces su rápido declive.

Algunos historiadores teorizan alternativamente que el declive tanto de Teotihuacán como de los mayas puede remontarse, en última instancia, a los cambios climáticos debidos a la erupción del volcán Ilopango en El Salvador, que hoy es un lago en cráter. Esta erupción pudo provocar malas cosechas y una hambruna general en Mesoamérica. La hambruna provocó el declive y la desintegración de las ciudades e hizo que los mayas dejaran de construir arquitectura monumental.

El Tolteca

Tras el declive de los mayas y de Teotihuacán, la ciudad de Tula se convirtió en el centro de lo que se conocería como el Imperio tolteca. Aunque esta nación fue poderosa y su influencia se extendió por todas partes, algunos aspectos siguen sin estar claros. Un ejemplo de ello es el nombre «Tula», que deriva de una frase que significa «cerca de los juncos», pero los aztecas posteriores lo utilizaron para referirse a cualquier zona urbana grande, indicando quizá que la gente era tan espesa como un haz de juncos. Por ejemplo, a Teotihuacán, Cholula y Tenochtitlan se les llamaba Tula. En consecuencia, no está claro si este era realmente el nombre de la ciudad o simplemente el nombre de las ciudades en general. En el emplazamiento de Tula se encuentra el templo de Quetzalcóatl (pirámide de la Serpiente Emplumada), rematado con cuatro enormes columnas de basalto con figuras de guerreros. El yacimiento cuenta con campos de pelota e imágenes de jaguares y águilas similares a las de los yacimientos mayas. La ciudad alcanzó su apogeo en el actual estado de Hidalgo, México, en el año 900 de nuestra era. En su apogeo llegó a tener una población de 60.000 habitantes. Tula estaba cerca de valiosas fuentes de obsidiana utilizadas para fabricar herramientas mesoamericanas. Sus habitantes comerciaban tan lejos como Guatemala y Costa Rica. Hoy en día, la tierra alrededor de Tula es semiárida; sin embargo, se cree que el valle de Tula recibió más lluvias durante el periodo Clásico para que la agricultura pudiera mantener a la población.

Tradicionalmente, el primer rey tolteca o *tlatoani* fue Mimixcoamazatzin, coronado en el año 700 de nuestra era. Esto ha sido discutido, ya que algunos creen que los toltecas no formaron una monarquía hasta el año 752. El primer *tlatoani*, entonces, pudo haber sido Chalchiuhtlanetzin o incluso la figura mitológica Ce Ācatl Topiltzin, quien, según la leyenda, era hijo del dios de la guerra, el fuego y la caza —la Serpiente de las Nubes. Los relatos afirman que Ce Ācatl condujo a los toltecas a Tula y los convenció para que renunciaran a los sacrificios humanos. Se dice que formó el culto a la serpiente. Cuando cumplió 53 años, un año después de haber alcanzado la edad de anciano, se quemó vivo en una canoa. Ce Ācatl era tan querido por su pueblo que muchos líderes toltecas posteriores a él afirmaron descender directamente de él. Incluso los posteriores mexicas adoptaron su nombre para gobernar mejor a los toltecas.

En Tula, la casta guerrera secular se alzó contra la clase sacerdotal y el culto a Quetzalcóatl fue derrocado. Los guerreros pusieron a Tezcatlipoca, el dios de la vida y la muerte, en el lugar de la Serpiente Emplumada. Esto provocó un notable aumento de los sacrificios humanos. Según las leyendas, Quetzalcóatl no fue destruido, sino que había trascendido al cielo como la estrella de la mañana o el planeta Venus en el cielo nocturno. Antes de ir al cielo, se decía, creó al pueblo de la era del Quinto Sol: los nahuas. Este pueblo se convertiría en los aztecas, los mexicas y otros grupos que hablan la lengua náhuatl. Tula siguió prosperando hasta 1170, cuando se cree que los chichimecas, un pueblo seminómada nahua, destruyeron la ciudad.

Sin embargo, este no fue el final de la cultura tolteca, que se combinó con elementos de la cultura maya en varios sitios de Yucatán, especialmente en Chichén Itzá, donde floreció el culto a Quetzalcóatl, llamado allí Kukulcán. Chichén Itzá se convirtió en la ciudad más poderosa de la región durante cien años antes de ser derrocada por los habitantes de Mayapán. Esta ciudad se convirtió en la potencia dominante de Yucatán, a 100 kilómetros al oeste de Chichén Itzá de 1220 a 1440.

No obstante, los edificios de Mayapán parecen ser copias inferiores de los encontrados en otros yacimientos mayas anteriores. Al igual que otras ciudades mayas y toltecas, Mayapán estaba gobernada por una monarquía dinástica procedente de una única y poderosa familia. En este caso, era la familia Cocom, de origen maya. La familia gobernante de Chichén Itzá, llamada los Itzá, eran, de hecho, toltecas.

Sin embargo, la mayor parte de esta información se basa en leyendas y la cronología de los acontecimientos no es segura. Por ejemplo, se supone que los cocomes estaban dirigidos por un hombre llamado Hunac Ceel, que había sido arrojado al *cenote* (sumidero) cercano a Chichén Itzá como sacrificio después de que los Itzá lo hubieran derrotado en batalla. Sin embargo, salió del pozo y reclamó la protección divina. La mayor parte de esta historia, que también incluye amantes con estrellas cruzadas y profecías del dios de la lluvia, procede de los libros de Chilam Balam de los siglos XVII y XVIII. El autor de estos libros, Chilam Balam (que significa aproximadamente «profeta jaguar») es una figura legendaria por derecho propio. Estos libros son tradiciones populares, no carentes de mérito, pero que carecen del tipo de análisis basado en hechos que desean los eruditos.

Para los estudiantes de historia antigua, esto no es nada nuevo. La mejor prueba está en la investigación arqueológica, pero aún queda mucho por hacer en los yacimientos mayas y toltecas de Mesoamérica. Quizá en algún lugar de las selvas del sur de México se encuentran las respuestas al motivo por el que tantos yacimientos mayas decayeron tan rápidamente. Tal vez exista una prueba clave para desvelar los misterios de Teotihuacán.

Capítulo 3: La llegada de los aztecas

Se cree que los mexicas, como se llamaban a sí mismos los aztecas, eran un pueblo seminómada. Reclamaban una patria llamada Aztlán, que hasta ahora no ha sido localizada. Adoraban a un dios supremo de la guerra, Huitzilopochtli, que los llevó a formar una nueva ciudad en la que encontraron un águila comiéndose una serpiente posada en un cactus. Encontraron el lugar en una isla en la parte occidental del lago de Texcoco, en el Valle de México. En 1325 fundaron allí la ciudad de Tenochtitlan. Con el tiempo, adoptaron el sistema de gobierno *tlatoani* en el que la ciudad era gobernada principalmente por un líder espiritual y civil. Este acabó convirtiéndose en un único rey dinástico en 1426. A partir de 1428, los aztecas iniciaron una expansión imperial que rivalizó con la de los incas en Sudamérica. Sus gobernantes se identificaron con los toltecas.

Itzcóatl (1380-1440) fue el cuarto rey de Tenochtitlan y el fundador del Imperio azteca. Condujo a los aztecas a derrocar a los tepanecas, otro pueblo nahua, en 1428. Bajo su liderazgo, formaron la Triple Alianza entre Tenochtitlan, Texcoco y Tlacopan. Esta fue la base del imperio. Sin embargo, la naturaleza exacta del Imperio azteca sigue sin esclarecerse. No está del todo claro que nadie en la cuenca de México considerara la situación política en torno al lago de Texcoco como una triple alianza. Parece que Tenochtitlan era la ciudad principal, y el gobernante de Tenochtitlan era similar a los emperadores de Europa.

Le seguía de cerca Texcoco y después Tlacopan. Cada una de esas ciudades representaba el centro de ciertos grupos étnicos. Texcoco era el centro del pueblo acolhuaque, Tlacopan pertenecía a los tepanecas y Tenochtitlan era la capital de los mexicas. Sin embargo, gran parte de la información sobre los aztecas procede de fuentes españolas posteriores a la llegada de los conquistadores.

Parte del deseo de disponer de más territorio consistía en ampliar el sistema agrícola para alimentar a una población cada vez mayor. Los aztecas habían inventado el sistema de *chinampas*, que se basaba en «jardines flotantes» construidos a partir de lechos lacustres poco profundos para crear campos rectangulares que pudieran producir un gran rendimiento. Primero construían cercas con ramas entrelazadas y luego rellenaban el espacio dentro de la cerca con tierra y otros materiales, donde plantaban los cultivos. Las *chinampas* necesitaban agua para reponer la que perdían por evaporación, por lo que los aztecas construyeron complicados canales y sistemas de riego para dirigir el agua hacia sus campos.

Las principales fuentes de ingresos del imperio eran los impuestos y los tributos. Las ciudades-estado no conquistadas de importancia estratégica debían entregar tributos periódicos a la Triple Alianza y al emperador en forma de artículos de lujo, bienes prácticos o dinero, que llegaba en forma de rollos de tela llamados mantas de algodón. Las ciudades conquistadas aportaban impuestos periódicos a través de un complicado sistema en el que los bienes iban a Tenochtitlan, pero la gente también trabajaba para el gobierno y los palacios durante una parte del tiempo. De este modo, los aztecas podían completar grandes estructuras y monumentos. Todos los jóvenes varones debían realizar el servicio militar, pero los detalles de estos requisitos no están claros. También recolectaban una parte de todos los bienes llevados al mercado.

El sistema azteca de tributación era complicado y se extendía por todo su imperio. Cada ciudad tenía dos funcionarios fiscales, uno en la ciudad y otro en Tenochtitlan. De este modo, los mexicas comandaban un verdadero imperio y no simplemente un conjunto de ciudades-estado aliadas. Algunas ciudades pagaban su tributo a Tenochtitlan, Texcoco y Tlacopan, y este se dividía en quintos, obteniendo las dos primeras ciudades dos quintos cada una y Tlacopan un quinto. Algunas ciudades daban tributo o impuestos solo a uno de los miembros de la Triple Alianza.

Como primer emperador, Itzcóatl tomó el título de *Culhua teuctli* o «Señor del Culhua-México». Itzcóatl ordenó quemar los códices históricos del Valle de México y permitió a los aztecas escribir su propia versión de la historia, en la que destacaba el dios de la guerra, Huitzilopochtli. Itzcóatl continuó construyendo proyectos, incluyendo calzadas y templos en Tenochtitlan. A su muerte, el poder pasó a su sobrino, Moctezuma I, en 1440. Moctezuma gobernó durante un periodo de paz y expansión del poder de Tenochtitlan. Su nombre significa «está enojado como un señor». En su coronación, muchos prisioneros fueron sacrificados y el gobernante de Texcoco lo coronó con una corona de turquesa llamada «corona de fuego». Fue bajo Moctezuma cuando se solidificó oficialmente la Triple Alianza. Moctezuma construyó un sistema de acueductos de dos tuberías con el gobernante de Texcoco, Nezahualcóyotl, para abastecer de agua dulce a sus dos ciudades. El imperio se expandió más allá del Valle de México y hacia la costa del golfo, donde Tenochtitlan obtuvo acceso al cacao, las conchas, el algodón y las frutas.

Tras una serie de desastres naturales —enjambres de langostas, hambruna, destrucción de cosechas e inundaciones— Moctezuma ordenó aumentar los sacrificios humanos para apaciguar a los dioses. Esto condujo a lo que se conoce como «guerra de las flores» o «guerra florida». Comenzando en algún momento a mediados de la década de 1450, se trataba de una serie de guerras rituales con poblaciones vecinas. Algunos creen que tenían como objetivo reunir prisioneros para satisfacer la mayor demanda de sacrificios. La guerra de las flores no era como una guerra típica. Las batallas se libraban en lugares y momentos predeterminados. La batalla comenzaba con la quema de una pira de papel e incienso. En una guerra de flores no se utilizaban armas de alcance. En su lugar, los aztecas utilizaban armas como el *macuahuitl*.

Guerreros blandiendo macuahuitl[2]

Las guerras florales se produjeron principalmente entre los aztecas y los tlaxcaltecas, Huejotzingo y Chola del valle de Puebla-Tlaxcala, en el centro de México. Las guerras florales podían durar mucho tiempo, aunque normalmente eran menos letales que las guerras tradicionales. Cada bando era igual en número, lo que permitía a los aztecas mostrar su destreza en la lucha. Morir en una guerra de flores se consideraba más noble que morir en una guerra típica. El nombre de la muerte en una guerra de flores era *xochi miquiztli*, que significa «muerte florida o dichosa». Otra posible razón de las guerras florales era entrenar a los guerreros en el combate.

Lo que comenzó como una guerra de flores con la ciudad de Chalco estalló en una guerra total en 1446. Esto se debió en parte a que Chalco se negó a proporcionar materiales para construir un nuevo Templo

Mayor para el dios de la guerra. Moctezuma conquistó Chalco en 1465, y los reyes de Chalco fueron enviados al exilio.

Se cree que el hermanastro de Moctezuma, Tlacaélel, era el verdadero poder tras el trono y, por tanto, el principal artífice de la Triple Alianza y de la expansión del Imperio azteca. Bajo Itzcóatl y Moctezuma, desempeñó el papel de primer consejero del gobernante. Tlacaélel promovió la idea de que los aztecas eran un pueblo elegido y reforzó las leyes relativas a las diferentes clases de la sociedad azteca. Solo los nobles podían construir casas de más de un piso y solo podían edificar torres por indicación de los dioses. Los plebeyos no podían tener tapabocas ni brazaletes de oro y tenían prohibido vestir ciertos materiales. La mezcla entre clases podía castigarse con la muerte. Se dice que estableció la política de que todos los libros de los pueblos recién conquistados debían ser quemados para promover la historia proazteca. Tlacaélel dedicó el Templo Mayor en el centro de Tenochtitlan en 1484. La estructura medía 100 por 80 metros en la base y más tarde sería desmantelada para construir la Catedral Metropolitana de la Ciudad de México. Algunos creen que este periodo marcó el apogeo de la civilización azteca.

Moctezuma murió en 1469. El trono pasó entonces a su hija, Atotoztli II. Se casó con Tezozomoc, hijo de Itzcóatl, y tuvo tres hijos: Axayácatl, Tizoc y Ahuitzotl. Algunas fuentes la muestran como gobernante de la Triple Alianza en solitario, mientras que otras la omiten, indicando quizá que actuó como regente mientras su hijo, Axayácatl, era aún un niño. Si este es el caso, Axayácatl llegó al trono a la muerte de su abuelo en 1469. Al ser un gobernante nuevo y joven, los reyes de otras ciudades vieron el ascenso de Axayácatl como una oportunidad para desafiar la primacía de Tenochtitlan en el Valle de México. Moquíhuix, líder de Tlatelolco y cuñado de Axayácatl, decidió acabar con el dominio mexica.

Moquíhuix fue el cuarto *tlatoani* de Tlatelolco. Aunque tuvo un hijo con la hermana menor de Axayácatl, Chalchiuhnenetzin, se decía que descuidaba a su esposa y prefería la compañía de otras mujeres. Los rumores de la época decían que la obligaba a vestir ropas burdas y a dormir en un rincón y que Moquíhuix la golpeaba. Otras leyendas más extravagantes sobre Chalchiuhnenetzin decían que tuvo muchos amantes mientras estuvo casada, pero que mandó matar a sus amantes y convertirlos en estatuas para que no la descubrieran. Sin embargo, finalmente mantuvo con vida a tres amantes. Cuando su marido la descubrió con los tres, mandó matar a los amantes y a toda su casa. Se decía que esto y el trato recibido por la reina llevaron a Axayácatl a atacar Tlatelolco.

Esta es solo una versión de los acontecimientos que condujeron a la guerra entre Tenochtitlan y Tlatelolco. Otra versión afirma que el emperador azteca se enteró de los planes de Tlatelolco de desafiar su autoridad y atacó a la otra ciudad antes de que formara una alianza mayor. Muchos años después del suceso, se contaba que los problemas entre las dos ciudades comenzaron en el quinto año del reinado de Axayácatl cuando unos jóvenes tenochcas atacaron a unas jóvenes de Tlatelolco en un mercado. Más tarde, se encontró un canal de Tlatelolco destruido y también se culpó de ello a los tenochcas.

Independientemente de lo que condujo a la guerra, la batalla de Tlatelolco ocurrió alrededor de 1473. Es posible que hubiera una batalla inicial en la que los tlatelolco atacaron Tenochtitlan y fueron rechazados. Entonces, Axayácatl dirigió un ataque contra la ciudad de Tlatelolco. Moquíhuix, el líder de Tlatelolco, y un consejero de confianza, Teconal, habían sido superados por Axayácatl. La esperanza de eliminar el dominio de Tenochtitlan se había convertido en una lucha por preservar su ciudad y sus vidas.

Axayácatl y su consejero deseaban evitar más derramamiento de sangre y enviaron a un mensajero para que razonara con Moquíhuix. El mensajero regresó con un mensaje de Tlatelolco diciendo a Axayácatl que se preparara para que el pueblo de Tlatelolco vengara las muertes de sus compatriotas. El mensajero fue enviado de vuelta, y esta vez, Teconal decapitó al mensajero. Axayácatl respondió con la acción. Los tenochcas eran feroces en la batalla y abrumaron rápidamente a los tlatelolco. Moquíhuix y Teconal, viendo que la batalla estaba perdida, huyeron por las escaleras del templo piramidal de Tlatelolco. Axayácatl subió a la pirámide tras ellos y encontró a ambos hombres aferrados al altar. Los mató a ambos y arrastró sus cuerpos para que todos pudieran ver el resultado de la rebelión. A partir de este momento, Tlatelolco dejó de ser considerado socio de la Triple Alianza y tuvo que pagar tributo a Tenochtitlan como cualquier otra ciudad conquistada.

Al año siguiente, Axayácatl invadió las tierras del pueblo matlatzinca en el rico Valle de Toluca. Anteriormente, había luchado contra este pueblo y había perdido. Fue alcanzado personalmente por una honda y sufrió una grave herida. Sin embargo, cuando los aztecas regresaron al valle de Toluca, capturaron a más de 11.000 prisioneros, que fueron sacrificados a los dioses. Conquistaron la ciudad de Calixtlahuaca y asentaron allí a familias nahuas para desalentar la rebelión.

En la década de 1470, Axayácatl se enfrentó al Imperio purépecha, que existía principalmente en la región que hoy es el estado mexicano de Michoacán. Los purépechas eran grandes metalúrgicos y adoraban a Curicaueri, el dios del sol. Los aztecas capturaron primero las ciudades fronterizas. Capturaron a muchos prisioneros, que fueron sacrificados rápidamente.

En algunos casos, se afirma que 80.000 prisioneros fueron sacrificados durante una celebración. Sin embargo, el verdadero número de sacrificios humanos durante el apogeo del poder azteca debe considerarse con cierto escepticismo. Debe recordarse que estos totales llegan a los eruditos modernos a través del filtro de los conquistadores españoles que deseaban presentar a los mesoamericanos como inhumanos y, por tanto, dignos de ser subyugados. Los relatos de los aztecas durante este periodo, encontrados principalmente en estelas talladas halladas en yacimientos arqueológicos, muestran el sacrificio humano de líderes enemigos, pero no ejecuciones a gran escala. Esto tiene bastante lógica. Un imperio que sobrevivía a base de tributos e impuestos no duraría mucho si mataba a mucha gente que acababa de conquistar. El «sacrificio» podría haber sido una ceremonia en la que un gran número de personas se entregaban a la autoridad de los aztecas. Además, la mera tarea física de sacrificar sistemáticamente a decenas de miles de personas en rituales prescritos hace que este escepticismo sea razonable. Ello justifica una inspección más detenida de las pruebas históricas y arqueológicas sobre los sacrificios humanos masivos.

Una de las mejores fuentes para este periodo son los escritos de fray Diego Durán. Este nació y creció en México y aprendió la lengua azteca, el náhuatl, a una edad temprana. Recogió las historias de finales del Imperio azteca a través del náhuatl y fue criticado en su época por su parcialidad hacia el pueblo azteca. Sin embargo, las historias que le contaron se referían a acontecimientos ocurridos muchas décadas antes de que él los escribiera, y los propios códices aztecas no ofrecen los detalles que figuran en los escritos de Duran. Su relato de la batalla de Tlatelolco, en la que Axayácatl derrota a Moquíhuix matándolo en lo alto del templo, es el relato más detallado de esta batalla, aunque tuvo lugar cien años antes de que él registrara la historia. Así pues, el lector debe conservar un sano escepticismo ante cualquier relato sobre los aztecas y su imperio.

En 1476, Axayácatl se enfrentó de nuevo al Imperio purépecha. Fue derrotado contundentemente. Esta derrota fue significativa porque fue la única a gran escala de los aztecas hasta ese momento. Axayácatl pasó el resto de su vida defendiéndose de las críticas, al igual que sus dos hermanos. En respuesta, se sabe que escribió dos poemas. La «Canción de Axayácatl» es un reproche a sus críticos, y la «Canción de los antiguos» es un lamento por su derrota ante los purépechas. Siendo aún joven, Axayácatl cayó enfermo en 1480 y murió al año siguiente. Le sucedió su hermano Tizoc, que fue el primer líder de Tenochtitlan en tomar el título de *huey tlatoani*, que significa «gobernante supremo». Tizoc fue emperador solo durante cinco años, pero expandió el imperio.

Cuando Tizoc murió, algunos sospecharon que había sido envenenado, y su hermano menor Ahuízotl se convirtió en emperador. Ahuízotl llegó al poder en 1486 y rápidamente demostró ser un gran líder militar. Duplicó el tamaño de las tierras bajo control azteca. Conquistó a los mixtecos, zapotecas y pueblos de la costa occidental de México. Murió en 1502 y le sucedió su sobrino, Moctezuma II, bisnieto del primer Moctezuma e hijo del emperador Axayácatl. Cuando llegó al poder ya era estimado por su destreza militar y sus habilidades como sacerdote. No tenía forma de saber que durante su reinado el mundo cambiaría por completo para el pueblo de México.

Capítulo 4: La caída de los aztecas

Nacido en 1485, Hernando Cortés pertenecía a una familia de la nobleza menor de la ciudad de Medellín, que entonces formaba parte del reino de Castilla en lo que hoy es el país de España. Su familia esperaba que se dedicara a la abogacía, pero en lugar de ello se marchó al «Nuevo Mundo» recién descubierto por Cristóbal Colón. Hernando, cuyo nombre se acortaría más tarde a Hernán, llegó a la isla de La Española en 1504. Tenía solo dieciocho años. Un pariente suyo, Nicolás de Ovando, era el gobernador de la isla y concedió a Cortés una encomienda. Esto significaba que se le concedía un cierto número de peones indígenas que trabajaban en la propiedad que se le había otorgado. Bajo este sistema, se suponía que los jornaleros tenían beneficios, pero en la práctica equivalía a una esclavitud comunal.

Cortés participó en las conquistas de Cuba y parte de La Española. Se le concedieron más tierras y más esclavos por sus esfuerzos. Ayudó a Diego Velázquez de Cuéllar en la conquista de Cuba, y cuando Velázquez fue nombrado gobernador de Nueva España, Cortés llegó a ser secretario del gobernador. Sin embargo, quince años después de llegar a Nueva España, empezó a albergar ambiciones de liderar su propia conquista.

Para entonces, las relaciones entre Cortés y Velázquez se habían vuelto tensas. Juan de Grijalva había dirigido una expedición al territorio continental de México y se decía que había establecido una colonia. Velázquez nombró a Cortés capitán de una expedición para adentrarse más en tierra firme. En 1518, Cortés reunió hombres y tres barcos en el plazo de un mes. Velázquez cambió de opinión y anuló su orden, pero Cortés hizo caso omiso y partió en febrero de 1519. Desobedecer una orden directa y navegar hacia tierra firme era un riesgo audaz. Sin embargo, Cortés era astuto y comprendió que su comportamiento amotinado podría pasarse por alto si lograba convencer a la Corona en España de que había logrado algo grande. Había rumores de que la tierra que un día se llamaría México era rica en metales preciosos. Basándose en estos rumores, Cortés y sus hombres partieron a través del golfo de México para hacer fortuna o morir en el intento.

Puede que Moctezuma II no hubiera oído hablar de la extraña gente que llegaba a la costa oriental en su nuevo palacio de Tenochtitlan, pero pronto se enteraría. Ambos bandos ignoraban por completo al otro y se sentían seguros de su propia superioridad sobre cualquier otra persona con la que pudieran encontrarse.

Cortés comandaba un pequeño ejército de 500 hombres, que incluía esclavos, caballos y cañones. Desembarcaron en Yucatán y se encontraron con Gerónimo Aguilar, un fraile franciscano que había sobrevivido a un naufragio, pero era cautivo de los mayas locales. Había aprendido la lengua maya chontal y actuó como intérprete para Cortés. Aunque el conquistador no tenía verdadera experiencia militar, demostró ser un firme líder. Ganó varias batallas contra la población local y, en una ocasión, le entregaron veinte jóvenes mujeres indígenas, a las que convirtió al cristianismo. Tomó a una de las jóvenes, conocida hoy como la Malinche, como su amante. Ella actuó como intérprete, consejera e intermediaria de Cortés. Conocía la lengua de los aztecas, así como el maya chontal. Los aztecas podían hablar con ella y ella traducía a Aguilar, que a su vez traducía a Cortés. Para disipar cualquier idea de retirada, Cortés hizo hundir sus once barcos.

Mientras tanto, Moctezuma sin duda había oído hablar de los recién llegados que conquistaban a los mayas de Yucatán con bestias y armas extrañas. Envió emisarios para reunirse con esta gente una vez que llegaran a tierra azteca. Aun así, el imperio necesitaba funcionar y Tenochtitlan necesitaba continuar. Recientemente, había construido un zoológico llamado el *Totocalli*, o «Casa de Aves», que albergaba una gran variedad de aves, así como lobos, jaguares y serpientes, que a veces eran alimentados con ciervos, pavos o víctimas de sacrificios. Era el otoño de 1519, y nadie que viviera en Tenochtitlan podría haber adivinado que el poderoso Imperio azteca se desmoronaría en dos años. Los mexicas estaban en una posición fuerte. Moctezuma había conquistado varias ciudades vecinas. Aun así, las amenazas eran constantes.

En 1516, el líder de Texcoco murió repentinamente. Se ha sugerido que murió en circunstancias sospechosas que podrían haber implicado a Moctezuma. No había declarado heredero y, como tenía muchos hijos, se celebró una votación para decidir quién sería el siguiente rey. Moctezuma hizo saber que favorecía la elección de Cacamatzin de entre los seis hijos porque era sobrino del emperador. La votación fue favorable a Moctezuma y Cacamatzin se convirtió en el nuevo rey de Texcoco. Sin embargo, otro hijo, Ixtlilxóchitl, no estuvo de acuerdo con la decisión porque consideraba que Moctezuma había puesto a Cacamatzin en el trono para manipularlo. La cronología de los acontecimientos no está clara, pero Ixtlilxóchitl fue a Metztitlán a reunir un ejército para derrotar a su hermano. El nuevo rey pidió ayuda a su tío, Moctezuma. Ixtlilxóchitl reunió un ejército de 100.000 hombres y emprendió la marcha hacia Texcoco, que puso bajo asedio, y ocupó varias ciudades de los alrededores. Esto dio lugar a un punto muerto. Finalmente, los hermanos llegaron a un acuerdo pacífico en el que se repartieron la región entre ellos, quedando Cacamatzin en control de Texcoco. Así estaba el asunto cuando Cortés y su ejército continuaron su viaje hacia el interior, donde habían oído hablar de grandes ciudades y grandes riquezas.

Mientras Cortés continuaba su marcha, se alió con indígenas de Cempoala y Tlaxcala. También luchó con los otomíes y los tlaxcaltecas. Sin embargo, consiguió ganarse a muchos adeptos demostrando que los

Retrato posterior de Moctezuma (Xocoyotzin) IIº

españoles eran enemigos de los aztecas. Cortés estaba, para entonces, fuera de la autoridad del gobernador de Cuba y en su lugar decidió informar directamente al rey español. Hablamos de Carlos I, más conocido como Carlos V, el recién coronado emperador del Sacro Imperio Romano Germánico. Además de rey de España, era archiduque de Austria, duque de Borgoña y cabeza de la increíblemente poderosa familia Habsburgo. Como emperador del Sacro Imperio Romano Germánico, gobernaba partes de Alemania e Italia y colonias por todo el mundo. Sus posesiones en el «nuevo» mundo lo convertirían en el primer gobernante de un imperio en el que nunca se pone el sol. A pesar de pertenecer a una familia de baja nobleza, a Cortés no le intimidaba la perspectiva de escribir directamente al rey, y su serie de cartas siguen siendo algunos de los mejores registros de la temprana conquista española de México. Sin embargo, Cortés no era un historiador y tenía sus propios motivos para presentar los acontecimientos de México bajo cierta luz a su rey. En primer lugar, quería quedar bien. En segundo lugar, quería justificar sus acciones, sobre todo porque su expedición era ilegal. Por último, quería asegurarse de dar la impresión de que actuaba solo como servidor de Carlos V y de la Iglesia católica romana.

En octubre de 1519, Cortés y su pequeño ejército marcharon sobre Cholula, la segunda ciudad más grande del centro de México. La Gran Pirámide de Cholula, que los españoles llamaban torre, era entonces la pirámide templo más grande de América. De hecho, Cholula era mucho más antigua que Tenochtitlan y se había convertido en una gran ciudad más o menos al mismo tiempo que Teotihuacán. Sin embargo, no fue abandonada como muchos yacimientos del periodo Clásico mesoamericano. Cholula había sido una vez aliada de Tlaxcala, pero, en 1517, se alió con los aztecas, más poderosos. El rey de Tlaxcala se había aliado con Cortés y lo condujo a Cholula, presumiblemente en un acto de retribución. Cholula no estaba, de hecho, en el camino hacia Tenochtitlan, por lo que da crédito a la idea de que los tlaxcaltecas orquestaron el viaje.

Los españoles fueron recibidos en Cholula y se reunieron para un banquete con los nobles de la ciudad. Según Cortés y otros españoles, empezaron a sospechar de las intenciones de los cholultecas. Los españoles reaccionaron violentamente y pasaron a cuchillo a la multitud desarmada reunida en la plaza de la ciudad. Cortés explicó más tarde a Carlos V que se había convencido de que los cholultecas planeaban traicionarlos, pero los historiadores siguen debatiendo el tema. Puede que Cortés simplemente quisiera infundir miedo al resto de los aztecas, o puede que los tlaxcaltecas persuadieran a Cortés de que los cholultecas querían hacer daño a los españoles y lo utilizaran para sus propios fines.

Los españoles y los tlaxcaltecas marcharon entonces hacia Tenochtitlan cruzando una de las anchas calzadas que conectaban la ciudad con tierra firme. Cortés observaría más tarde que en el camino habrían cabido ocho caballos de frente. Los curiosos aztecas se aventuraron a ver el extraño espectáculo. La ciudad a la que ahora se acercaban los españoles era el doble de grande que la capital española, Sevilla, y contenía enormes pirámides, esculturas y estructuras bien construidas para viviendas, almacenes y espacios públicos. También era una ciudad insular con un complejo sistema de canales y acueductos, diferente a todo lo visto en Europa, salvo Venecia o la antigua Roma. La ciudad daba la impresión de estar flotando en medio de un hermoso lago. Uno de los presentes, Bernal Díaz, escribió más tarde que los españoles no estaban seguros de lo que veían. Algunos se preguntaban si era un sueño. Cortés escribió a Carlos que la ciudad era «tan maravillosa que no se podía creer».

Mil nobles salieron a recibir al ejército pacíficamente, aunque los españoles no cesaron de temer que se tratara de una trampa. Entonces, Moctezuma se adelantó, con Cacamatzin de Texcoco a un lado y el hermano del emperador, Cuitláhuac, al otro. Hubo un breve momento incómodo en el que Cortés fue detenido para que Moctezuma pudiera realizar un ritual, y luego se saludaron e intercambiaron regalos. Cortés regaló al emperador un collar de perlas y «diamantes de cristal», y Moctezuma regaló al conquistador dos collares de oro modelados en forma de camarón. Según Cortés, Moctezuma lo llevó al palacio y lo sentó en un trono. Luego, el gobernante azteca se sentó en un trono junto a él. Entonces, como Cortés seguía diciendo en sus cartas, Moctezuma pronunció un asombroso discurso en el que juró lealtad a Cortés y a la Corona española, dándole a Cortés exactamente lo que había querido. Los aztecas colmaron a los españoles de más regalos, quizás con la esperanza de apaciguarlos y enviarlos de vuelta por donde habían venido, pero esto solo consiguió aumentar el deseo de riquezas dentro del ejército.

Una historia afirma que Cortés llegó a pensar que los aztecas creían que era el dios retornado Quetzalcóatl y que por eso parecían no ofrecer resistencia a los españoles. Sin embargo, no hay pruebas que demuestren que Cortés creyera esto y nada que apoye la idea de que los aztecas pensaran algo parecido.

Los españoles siguieron justificando su propia brutalidad y la eventual conquista de México. Conocían los sacrificios humanos y Cortés se aseguró de exagerarlos en sus cartas enviadas a España. Además, casi todos los europeos del Nuevo Mundo estaban de acuerdo en que los «indios», como se los llamaba, eran caníbales. Esto era significativo porque era espantoso, y leyes específicas establecían que los caníbales podían ser legítimamente esclavizados. Si los aztecas, por ejemplo, podían ser identificados como caníbales, cualquier acción emprendida contra ellos, incluido someterlos a la esclavitud, estaba justificada. El canibalismo siempre se presentaba junto con el sacrificio humano, pero no hay pruebas de ello entre los aztecas ni en ninguna otra cultura mesoamericana.

Mientras Cortés y los españoles permanecían en Tenochtitlan, llegó la noticia de que los aztecas habían matado a algunos españoles en la costa. Cortés utilizó esto como excusa para capturar a Moctezuma y ponerlo bajo arresto domiciliario en su propio palacio. Con el emperador como rehén, Cortés gobernó Tenochtitlan a través de Moctezuma.

Al mismo tiempo, el gobernador Velázquez había enviado otro ejército tras Cortés. Este respondió cogiendo a muchos de sus hombres y dirigiéndose a la costa para luchar contra esta segunda oleada de invasores españoles. Cortés derrotó a la otra parte a pesar de estar en inferioridad numérica, pero la tragedia lo golpeó mientras estaba fuera. Cortés había dejado a Pedro de Alvarado al mando de la ciudad azteca. Moctezuma había preguntado a Alvarado si los aztecas podían celebrar una ceremonia religiosa. Alvarado dio su permiso. Sin embargo, durante el ritual, Alvarado bloqueó las salidas del Templo Mayor y masacró a los aztecas que se encontraban dentro. Alvarado afirmó más tarde que esto se debía a que los aztecas planeaban realizar un sacrificio humano. Los aztecas admitieron que sacrificarían a alguien durante el ritual. Aun así, el motivo de Alvarado parece cuestionable: para salvar una vida, mató a varias más cuando podría haber ordenado simplemente que se detuviera el ritual.

Cortés regresó para encontrarse con que no solo ya no controlaba Tenochtitlan, sino que Moctezuma II había sido apedreado hasta la muerte por su propio pueblo. La masacre de Alvarado provocó una revuelta de los aztecas y los españoles se vieron obligados a huir de Tenochtitlan en lo que se llamó *La Noche Triste*. Durante su retirada, los españoles y sus aliados sufrieron numerosas bajas. De los 1.300 hombres de Cortés, solo quedaron 500.

Los españoles y sus aliados se dirigieron a la ciudad de Tlaxcala y, en su camino, llegaron a la llanura de Otumba. Ahí, se encontraron con un gran ejército azteca dirigido por el general Matlatzincátzin, el cual constaba con unos 8.000 a 10.000 guerreros. Cortés contaba con unos 600 hombres, incluidos los aliados mesoamericanos. Sin embargo, los hombres de Cortés contaban con la ventaja de la artillería y la caballería. Según el conquistador Bernal Díaz, la caballería castellana resultó decisiva en la batalla de Otumba. Los aztecas querían capturar vivos a los españoles y sacrificarlos a los dioses, pero esto les hizo evitar la fuerza mortífera. Los españoles no tenían tales motivos y luchaban desesperadamente por sus vidas. Cortés también centró la atención de su ejército en derrotar a los líderes y capitanes aztecas. Dirigió un ataque contra Matlatzincátzin, que fue asesinado, y el estandarte de batalla azteca fue tomado. Esto llevó a la fuerza azteca a retirarse de forma desordenada, y los españoles acabaron con los soldados que quedaban.

Esta victoria fue crucial para los planes de Cortés en el futuro inmediato. Los españoles regresaron a Tlaxcala, pero no tenían los efectivos para montar otro ataque contra Tenochtitlan. Sin embargo, el ejército de Cortés pronto fue reforzado con tropas procedentes de Cuba. Para entonces, el gobernador Diego Velázquez parecía haber renunciado a intentar detener o reemplazar a Cortés, que estaba cambiando su estrategia para derrotar a los aztecas. Comenzó a atacar las ciudades aliadas de los aztecas y a cortar los suministros a la ciudad de Tenochtitlan. Construyó barcos que navegó en el lago Texcoco y utilizó para destruir partes de la ciudad. Era ya el verano de 1520 y Cortés estaba decidido a destruir a los aztecas.

Tras la muerte de Moctezuma, el nuevo rey de Tenochtitlan fue Cuitláhuac, consejero y hermano de Moctezuma que había liderado la revuelta contra los españoles. Sin embargo, Cuitláhuac solo gobernó ochenta días y murió de viruela después de que los españoles hubieran abandonado la ciudad. Le sucedió Cuauhtémoc, que tomó el poder en 1520. Su nombre significaba «águila que cae». Cuauhtémoc era primo del difunto emperador Moctezuma II e hijo legítimo mayor del emperador Ahuízotl. También se casó con una de las hijas de Moctezuma, a la que más tarde llamaron Isabel Moctezuma. Bajo su gobierno, Tenochtitlan sufrió una terrible epidemia de viruela que los españoles habían traído al Nuevo Mundo.

Cuauhtémoc pronto descubrió que Tenochtitlan quedaba rápidamente aislada a medida que Cortés capturaba ciudades-estado. Otras ciudades-estado abandonaron el Imperio azteca y se aliaron con Cortés y los tlaxcaltecas. La única ciudad nahua que permaneció leal a Tenochtitlan fue Tlatelolco, y muchos refugiados tenochcas acabaron en Tlatelolco. Cuauhtémoc intentó reunir una defensa contra los españoles, pero para entonces ya era demasiado tarde. Tenochtitlan se volvió demasiado peligrosa. Cuauhtémoc fue capturado el 13 de agosto de 1521 mientras cruzaba el lago de Texcoco con su familia. Su rendición a Cortés poco después marcó el fin del Imperio azteca. Cuauhtémoc permaneció bajo custodia española y fue torturado con fuego cuando los españoles pensaron que ocultaba el paradero de parte del oro azteca. Fue llevado por Cortés en su expedición a Honduras. Después, en 1525, Cortés hizo ejecutar al último emperador azteca por supuestamente planear su muerte.

Segunda parte:
La construcción de un imperio
(1500-1880 e. c.)

Capítulo 5: Conquista y colonización

Desde la caída del Imperio azteca, gran parte de la historia de México durante los años siguientes fue dictada por un monarca al otro lado del océano Atlántico. De 1521 a 1524, Cortés gobernó gran parte de lo que se convertiría en México. Capturó Tenochtitlan y la nombró oficialmente Ciudad de México, reclamando toda la región para el rey Carlos V de España. La tierra recién conquistada fue apodada «Nueva España del mar Océano». Carlos nombró a Cortés gobernador, capitán general y presidente del Tribunal Supremo. Cortés comenzó a construir la ciudad de México, derribando templos y edificios, y utilizando la piedra para reconstruirla a un gusto más europeo. Pronto se convirtió en el asentamiento europeo más importante de América. El sistema de encomiendas continuó a medida que se fundaban más ciudades españolas y la Nueva España comenzó a extenderse por gran parte de Mesoamérica. La traductora y guía, Malinche, le había dado a Cortés un hijo al que llamó Martín, que llegaría a ser conocido como «el mestizo» por su origen mestizo. Como Cortés no había podido engendrar ningún hijo con su esposa, Martín, aunque ilegítimo, se convirtió en su único heredero.

De 1524 a 1526, Cortés estuvo en Honduras luchando contra Cristóbal de Olid, que había reclamado la tierra para sí. Olid, otro aventurero y conquistador, había crecido en la casa del viejo enemigo de Cortés, Diego Velázquez, y Cortés sospechaba que Velázquez estaba detrás de la expedición de Olid. Mientras Cortés estaba fuera de México, Velázquez y un arzobispo llamado Juan Rodríguez de Fonseca convencieron al regente interino de España para que nombrara un nuevo gobernador de Nueva España: Luis Ponce de León (no confundir con Juan Ponce de León, gobernador de Puerto Rico).

León llegó a la ciudad de México después de que Cortés hubiera regresado de Honduras, portando órdenes que lo nombraban gobernador. Cortés reconoció la autoridad de las órdenes y se hizo a un lado. Sin embargo, León estaba gravemente enfermo y cedió sus poderes a un ayudante llamado Marcos de Aguilar. León murió solo cuatro días después. Aguilar solo duró siete meses y medio como gobernador antes de morir también. Nombró gobernador a Alonso de Estrada. Este también solo duró poco tiempo antes de que el rey Carlos decidiera disolver el gobierno militar de Nueva España e instituir una forma de gobierno más ordenada. Con este espíritu, creó la Real Audiencia de México.

Mientras tanto, Cortés había viajado a España para defenderse ante el emperador Carlos V. En 1528, Cortés compareció ante su rey. Carlos honró a Cortés concediéndole el marquesado del Valle de Oaxaca, convirtiendo así a Cortés en un noble de alto rango. Sin embargo, no lo restituyó como virrey de Nueva España.

Como la primera esposa de Cortés había muerto en circunstancias misteriosas, Cortés se casó de nuevo, esta vez con una noble española llamada doña Juana de Zúñiga. Ella le daría tres hijos, entre ellos un varón llamado Martín. Este Martín, al ser legítimo, se convirtió en el heredero legítimo de Cortés. En 1530, Cortés regresó a México, pero nunca volvió a ocupar un puesto importante en la política de Nueva España.

En 1535, Antonio de Mendoza se convirtió en el primer virrey de Nueva España. El nombramiento de Mendoza no sentó bien a Cortés, que se retiró a su palacio y comenzó a comprar minas de plata. A principios de la década de 1540, poseía 35 minas de plata. También exploró la costa del Pacífico mexicano y descubrió la península de Baja California. Regresó a España y trató de conseguir el reembolso con el fisco, pero no le prestaron atención. Decidió volver a México en 1547, pero murió en Sevilla.

Antonio de Mendoza encontró Nueva España casi en anarquía cuando llegó en 1535. Tras disolver el gobierno militar y varios años de alianzas cambiantes, Mendoza trabajó para poner orden en la colonia. Se enfrentó a los disturbios indígenas y a las disputas entre los funcionarios españoles. El título de virrey fue el primero de su clase en América y significó que Mendoza era la viva imagen del rey Carlos en México. Mendoza ocupó el cargo durante quince años, más que ninguno de sus predecesores. Con este tiempo, consiguió estabilizar Nueva España. Ayudó a construir la primera y la segunda universidad en tierra firme de América y trajo la primera imprenta al Nuevo Mundo. Acuñó las primeras monedas y promovió mejoras en la agricultura, la minería y la ganadería. Cuando España estableció nuevas leyes sobre las recompensas a los conquistadores, Mendoza limitó su aplicación y evitó así las rebeliones. El nuevo virrey de Perú no había hecho lo mismo y había perdido la vida a manos de colonos enfurecidos.

De 1540 a 1542, Mendoza participó en la guerra del Mixtón. Fue cuando los caxcanes, que vivían en el oeste y centro de México, se rebelaron contra el dominio español, las matanzas no provocadas y la práctica de tomar esclavos. El colmo parece haber sido cuando dieciocho líderes indígenas fueron capturados y nueve de ellos ahorcados. A continuación, los indígenas capturaron, mataron y se comieron a un cazador de esclavos. Los caxcanes también mataron a dos sacerdotes católicos. Temiendo las represalias españolas, abandonaron sus aldeas y se escondieron en las montañas cercanas, concretamente en una fortaleza de la colina conocida como Mixtón. El líder principal de los caxcanes era Francisco Tenamaztle.

El virrey Mendoza pidió ayuda al conquistador Pedro de Alvarado, que había sido el responsable de la masacre del templo de Tenochtitlan, para sofocar esta rebelión. Tomó 400 españoles y un número desconocido de aliados nativos y asaltó Mixtón. Su primer intento fue rechazado. Durante un ataque posterior, un caballo cayó sobre Alvarado y este murió pocos días después. Mendoza formó un ejército más numeroso de 450 españoles y hasta 60.000 aliados nativos. Con esta fuerza, invadió la patria de los caxcanes y finalmente capturó Mixtón. Fue brutal en las secuelas, ordenando matar a hombres, mujeres y niños, algunos de ellos fusilados con un cañón y otros despedazados por perros. Envió a los que aún vivían a trabajar como esclavos en las minas o campos españoles. Francisco Tenamaztle, sin embargo, logró escapar de la captura durante muchos años más antes de rendirse voluntariamente en 1551. Fue enviado a España para ser juzgado, pero su destino sigue siendo desconocido. La victoria española aseguró su control sobre Guadalajara, la segunda ciudad más grande de México en aquella época.

En 1549, el emperador Carlos nombró a Mendoza virrey del Perú. Mendoza abandonó Nueva España y viajó a Perú, pero murió en 1552 y fue enterrado en la catedral de Lima. El sucesor de Mendoza fue Luis de Velasco, que había impresionado al emperador Carlos V como virrey del reino de Navarra. Sustituyó a Mendoza en 1550 y ocupó el cargo hasta 1564.

Desde la aparición de Cortés en adelante, un problema constante para los españoles fue la siempre menguante mano de obra. Esperaban explotar a los indígenas como mano de obra en minas y campos, pero una serie de epidemias provocó una disminución estimada del 80 al 90 por ciento de la población nativa. Quizá más que nada, los españoles consiguieron conquistar México a nivel microscópico. Para los nativos, esto supuso un horror único como nunca antes habían experimentado. Pueblos, ciudades y regiones enteras quedaron casi totalmente despobladas. Puede que los españoles tuvieran alguna idea del precio que estaban cobrando a esta gente. Sin embargo, no tenían mejor idea de cómo detener aquello con que los «indios» morían continuamente, es decir, viruela, cólera, malaria y otras oleadas de enfermedades.

Esta extrema disminución de la población ayudó sin duda a los españoles en sus posteriores expediciones en México. La conquista de los pueblos mayas del Yucatán siguió el mismo patrón utilizado anteriormente por Cortés y los españoles en el Caribe, es decir, aliarse con los nativos que más se beneficiarían de la caída de la potencia mayor de la zona.

La conquista española de Mesoamérica no consistía solo en tomar tierras y subyugar a la gente, sino que se veía como un medio para extender el catolicismo romano a otras zonas del mundo. La Iglesia católica era esencialmente otro brazo del gobierno español. Inicialmente, la conversión de los nativos había sido rápida. Los mesoamericanos simplemente añadieron el Dios cristiano a su panteón. Sin embargo, los misioneros posteriores se esforzaron por destruir las religiones indígenas, especialmente cualquier ritual asociado a los sacrificios humanos, e imponer el catolicismo. Muchos códices nativos fueron quemados por los españoles.

Algunos misioneros llegaron a sentir una conexión con los pueblos nativos que intentaban convertir y se esforzaron por protegerlos de la crueldad de los colonos. El ejemplo más famoso de esto fue Bartolomé de las Casas, un fraile dominico que se convirtió en un activista defensor de los indígenas de Nueva España.

Las Casas había sido originalmente un conquistador con tierras y esclavos en La Española. Sin embargo, cuando participó en la brutal conquista de Cuba, se disgustó con el trato que recibían los nativos. Regresó a España en 1515 y comenzó a solicitar al rey que ilegalizara la esclavitud indígena y pusiera fin al cruel trato que recibían los nativos del Nuevo Mundo. Primero sugirió que se utilizara a los africanos como esclavos en lugar de a los nativos, pero más tarde argumentó que debía abolirse toda esclavitud. El concepto español de la esclavitud había sido similar al de los moros, a los que acababan de expulsar de España. Este concepto era que la esclavitud estaba bien siempre que se tratara de enemigos capturados en la guerra y que esos enemigos no fueran, para los españoles, católicos. Los argumentos iniciales de Las Casas para utilizar africanos se basaban en la idea errónea de que los africanos eran más aptos para el trabajo porque eran resistentes a las enfermedades europeas. El argumento de Las Casas podría haber fomentado un cambio en la filosofía de esclavizar a los enemigos conquistados hacia una esclavitud basada en la raza.

A pesar de ello, la Corona no prestó atención a las peticiones de Las Casas. El dominico también llegó a sugerir que se permitiera a los nativos del Nuevo Mundo autogobernarse. La única concesión del gobierno español fue permitir a los nativos utilizar el sistema judicial siempre que tuvieran un defensor designado conocido como «protector». Las Casas se convirtió en el primer protector.

En 1536, Las Casas llegó a Oaxaca, México, donde debatió con los monjes franciscanos sobre el método apropiado de conversión. Los franciscanos llevaban a cabo conversiones masivas de hasta mil nativos a la vez. Las Casas dijo que esto era inútil, ya que la conversión sin comprensión no significaba nada. Las Casas pensaba que los nativos debían ser tratados como iguales racionales que debían convertirse por su propia voluntad. Viajó a Guatemala para poner en práctica su teoría.

Luego, en 1542, Las Casas regresó a España y volvió a hacer una petición al rey. El resultado de sus argumentos fue un libro titulado *Brevísima relación de la destrucción de las Indias* y la institución por Carlos V de las «Leyes Nuevas» que abolieron las encomiendas. La abolición fue gradual, pero las Leyes Nuevas declararon ilegal esclavizar a cualquier otro nativo. Estas leyes eran las que el virrey Mendoza había ignorado y habían provocado la muerte del virrey del Perú. Las Leyes Nuevas fueron derogadas en 1545. Las Casas regresó al Nuevo Mundo, donde enfureció a más colonos, y luego viajó a España, donde siguió abogando por un mejor trato a los nativos. Ayudó al héroe de la guerra del Mixtón, Francisco Tenamaztle, cuando fue llevado a España como prisionero. Bartolomé de las Casas murió en 1566, en Madrid.

Aunque los abusos contra los nativos continuaron y se esperaba que los indígenas aceptaran el catolicismo y aprendieran la lengua española, muchos nativos conservaron partes de su cultura que no entraban en conflicto con la sociedad española. Así surgió una nueva cultura entre nativos, colonos y mestizos que combinaba elementos de la cultura mesoamericana y española.

Muchas ciudades fundadas por españoles se convirtieron en las más importantes de Nueva España, como Ciudad de México, Veracruz, Puebla de los Ángeles y Antequera (actual ciudad de Oaxaca). Esta última ciudad estaba cerca del emplazamiento de Monte Albán, una de las primeras ciudades mesoamericanas.

Desde México, los conquistadores partieron a la conquista de nuevas tierras. Coronado exploró gran parte del suroeste de Estados Unidos y Pedro Menéndez de Avilés fundó la ciudad de San Agustín, en lo que se convertiría en Florida. Todos los lugares conquistados de este modo quedaban bajo la autoridad del virrey de Nueva España, creando así un imperio dentro de otro imperio. Los exploradores españoles también abandonaron las costas mexicanas y llegaron a las Filipinas, donde se estableció una ruta comercial de México a China. Plata, oro, seda, especias y porcelana viajaron por esta ruta, enriqueciendo a ambas partes. China necesitaba la plata mexicana y peruana para su moneda, y España necesitaba los artículos de lujo chinos. Sin embargo, los metales preciosos también se enviaban a España, que pronto se convirtió en la nación más rica de la Tierra.

Para que España pudiera seguir abasteciéndose de oro y mercancías, necesitaba mantener un fuerte control sobre Nueva España. Esto requería esfuerzos continuos para sofocar las rebeliones indígenas cada vez que surgían. La guerra chichimeca duró de 1550 a 1590, no mucho después de la guerra del Mixtón. Los combates se centraron en El Bajío, o región de tierras bajas de la meseta central mexicana, y se libraron entre los españoles y la coalición chichimeca. (El nombre «chichimeca» no era como se llamaban a sí mismos, sino el nombre azteca de este pueblo nómada. Se llamaban a sí mismos los «hijos del viento»).

Se descubrió plata en esta zona, lo que provocó una avalancha de españoles que comenzaron a explotar las minas allí. A los chichimecas no les gustó la llegada de los españoles a sus tierras ancestrales. La coalición estaba formada por cuatro naciones principales: guachichiles, pames, guamares y zacatecos. Debido a su tenacidad y a su estilo de vida nómada, los chichimecas pudieron mantener una larga guerra contra los españoles. No estaban atados a la tierra y podían permanecer móviles. En el transcurso de la guerra, los chichimecas aprendieron a utilizar el sigilo para matar a los caballos españoles y convertir así la caballería en soldados de a pie.

La guerra resultó mucho más larga y difícil de lo que los españoles habían previsto, y finalmente se decantaron por una estrategia de «fuego y sangre», prometiendo la muerte y la esclavitud a todos los chichimecas. Tras la presión de los dominicos, el virrey, Álvaro Manrique de Zúñiga, puso fin finalmente al método de «fuego y sangre» e intentó suavizar las hostilidades manteniendo abiertas las minas. Muchos soldados fueron retirados de la zona. Los chichimecas fueron cristianizados poco a poco y las hostilidades en la región cesaron durante un tiempo.

Junto con Perú, México era la mayor fuente de riqueza del Imperio español. Pero, para mantener las minas abiertas y los minerales y metales viajando por los caminos hasta los barcos que los transportaban por las rutas comerciales, España se vio obligada a gastar una buena cantidad de dinero en proteger sus intereses. Otros países europeos, especialmente los ingleses, intentaban constantemente socavar el poder de España. Los piratas ingleses atacaban barcos y puertos en las costas de México.

Los indígenas se levantaron continuamente contra el trato cruel de los colonos españoles. Las condiciones en las minas de México eran algunas de las peores condiciones de trabajo de las que se tiene constancia en la historia. La gente trabajaba literalmente hasta morir. Las condiciones eran similares a los requisitos aztecas para el trabajo, pero solo en principio. Los españoles obligaban a los nativos a trabajar bajo tierra durante días, con escasa luz y poco acceso a agua dulce.

Durante todo ese tiempo, los misioneros católicos trabajaron incansablemente para apartar a los nativos de sus propias religiones y acercarlos a la Iglesia católica romana.

Debido a la gran cantidad de comercio, muchas ciudades mexicanas eran étnicamente diversas. Marineros filipinos, conquistadores españoles, mayas, monjes católicos, zapotecas, africanos y muchos otros comerciaban, cotilleaban, bebían, rezaban, amaban y morían en estas ciudades, y en ninguna más que en Ciudad de México.

La maciza Catedral Metropolitana de la Ciudad de México se construyó en el emplazamiento del Templo Mayor de Tenochtitlan. El edificio se propuso en 1552, pero las primeras piedras no se colocaron hasta 1571, y no se consagró hasta 1667. Tres reyes de España murieron durante este tiempo: Felipe II, III y IV. La catedral no se consideró terminada hasta finales del siglo XVIII, pero, por supuesto, hay que trabajar continuamente para mantenerla y mejorarla. El último rey español en aportar fondos significativos para la catedral fue Carlos II, también conocido como «el Hechizado». Carlos sería el último rey español de la familia Habsburgo, y la corona pasaría a su sobrino, Felipe V de la Casa de Borbón tras la guerra de sucesión española.

Nacido en 1662, Fernando de Alencastre Noroña y Silva, I duque de Linares, fue un ejemplo de virrey relativamente bueno. En representación de Felipe V, Alencastre fue nombrado virrey y capitán general de Nueva España en 1711. El primer año de su estancia en México sufrió un gran terremoto y, dos años más tarde, la Ciudad de México experimentó una nevada sin precedentes. La nieve provocó la pérdida de cosechas, lo que condujo a la hambruna y al brote de una plaga. Alencastre lo sufrió todo estoicamente y se entregó personalmente a los colonos para ayudar a aliviar el sufrimiento donde pudo y reconstruir los edificios destruidos. Aumentó el número de barcos de la guardia costera y compró 600 mosquetes para la milicia colonial. Después de que el comercio desde España se interrumpiera durante la guerra de sucesión española en dos ocasiones distintas, Alencastre sugirió al órgano de gobierno que supervisaba las posesiones españolas en el Nuevo Mundo, el Consejo de Indias, que México y Perú comerciaran entre sí. El consejo rechazó la idea, creyendo que Alencastre se beneficiaría personalmente de tal acuerdo. El virrey autorizó expediciones para reocupar la Texas española y misiones al Nuevo México. También fundó la primera biblioteca pública y el primer museo de historia natural de México. En 1716 se retiró de su cargo y murió al año siguiente en Ciudad de México.

Para un ejemplo de virrey impopular de Nueva España, no necesitamos mirar más allá de Carlos Francisco de Croix, I marqués de

Croix. Asumió el cargo en 1766 y tuvo la tarea inmediatamente difícil de expulsar a los jesuitas de México. Los jesuitas, miembros de la Compañía de Jesús, se habían hecho impopulares entre la realeza europea por su influencia sobre el papa. Se llamó a las tropas para obligar a los sacerdotes a abandonar sus puestos. Fueron subidos a barcos, sin poder llevarse sus posesiones, y deportados a Italia. Los jesuitas eran bastante populares en muchas zonas donde prestaban ayuda a los pobres y proporcionaban educación escolar. Las acciones del virrey provocaron rebeliones en las ciudades de Guanajuato, Pátzcuaro, Valladolid y Uruapan. De Croix trató a los rebeldes con severidad, ahorcando a los líderes. Los ciudadanos enfurecidos pintarrajearon las imágenes del rey Carlos III. El clero no jesuita empezó a hablar en contra del virrey, y este amenazó con castigarlos. Comenzó a censurar libros de artículos literarios y científicos por temor a que hablaran en contra de la Corona. Sin embargo, cuando los trabajadores de las minas exigieron salarios más altos, de Croix convenció a los propietarios de las minas para que los aumentaran. Se retiró en 1771 y regresó a España. Murió en Valencia en 1786.

Durante el periodo colonial, México, al ser el corazón de Nueva España, estaba supeditado a la Corona en casi todos los sentidos. Se le impedía comerciar entre las demás colonias de América o comerciar directamente con otras naciones. En una época en la que se podía tardar meses en cruzar el Atlántico, los pedidos de España podían llegar mucho después de que expirara su utilidad. Para eso estaba el virrey, pero ni siquiera él era libre de actuar como le pareciera. Esta falta de independencia minó la eficacia del Imperio español para resolver las cosas a tiempo. Carecía de algunas de las sutilezas del Imperio azteca, que se regía por el tributo y no requería que el emperador estuviera al tanto de todo en sus dominios. Sin embargo, durante tres siglos, Nueva España fue la mayor colonia del Nuevo Mundo. Durante el mismo periodo, España siguió siendo la nación más grande de Europa —y quizá del mundo. Sin embargo, hubo constantes guerras, especialmente entre españoles e ingleses, a menudo con España del lado de Francia contra los británicos. Tras la guerra de los Siete Años (1756-1763), España perdió el control de Florida, pero obtuvo el enorme territorio de Luisiana, que incluía el puerto de Nueva Orleans.

Aunque Nueva Orleans nunca fue tan grande como Ciudad de México, las dos ciudades tenían poblaciones diversas. En Nueva España, los criollos eran españoles de pura cepa nacidos en las colonias. Los *peninsulares* eran españoles nacidos en la península ibérica, pero residentes en el Nuevo Mundo. Para algunos, la raza era una cuestión de pureza de sangre y podía remontarse a la historia de los moriscos y judíos de España que se convirtieron al catolicismo. Se consideraba que estos conversos y sus descendientes no tenían una sangre tan pura como los españoles que «siempre» habían sido cristianos. Así, se estableció una jerarquía que a veces, pero no siempre, se aplicó a las leyes y restricciones.

Famosamente, en el México del siglo XVIII existía una tradición de pinturas de *casta*, que representan muchas de las configuraciones raciales que podían verse en las colonias. Algunas pinturas de casta muestran parejas de razas mixtas en bellos escenarios, y se ha sugerido que eran una contribución a que aquellos se identificaran como mexicanos y no con la lejana España. Además, existía la idea de que las parejas mixtas que producían descendencia darían lugar a una repurificación de la sangre. Como explicó una persona en 1774: «Se tiene por sistemático que un español y un indio producen un mestizo; un mestizo y un español, un *castizo*; y un castizo y un español, un español». Así, después de tres generaciones, la sangre se consideraba puramente española. Un español y una persona negra, según este sistema, creaban un mulato/a. Una persona negra y una nativa producían una *china cambuja*. Un mestizo y un amerindio producirían un *coyote*, y así sucesivamente.

Los resultados de un censo realizado en la década de 1790 en Ciudad de México mostraban una población de bastante más de 100.000 personas. De ellos, los nacidos en España solo representaban alrededor del 2 por ciento de la población, mientras que los colonos reconocidos como españoles constituían el 48 por ciento. Los mestizos y castizos sumaban alrededor del 18 por ciento. La población mulata era del 6,8 por ciento y los amerindios de la ciudad de México representaban más del 24 por ciento. En las zonas rurales más allá de la capital, la población estaba formada por un 71 por ciento de nativos, y los españoles solo representaban el 12 por ciento.

La Ciudad de México era un eje de poder y negocios en Nueva España. No solo era la capital del virreinato, sino también la sede del arzobispado y el centro de organizaciones oficiales y religiosas de todo tipo. Todas las mercancías procedentes de oriente pasaban por la ciudad de México de camino al puerto de Veracruz y después a Europa. En 1594, se fundó un gremio de comerciantes en la Ciudad de México. Durante muchos años, estuvo controlado por comerciantes mayoristas peninsulares, muchos de los cuales eran miembros del cabildo, un consejo colonial de gobierno. La Casa de la Moneda de la Corona también se encontraba en la ciudad. Durante el siglo XVIII, la economía de Ciudad de México experimentó un auge y muchos comerciantes, líderes religiosos y funcionarios del gobierno se hicieron muy ricos.

A diferencia de los colonos de las colonias británicas situadas más al norte, muchos colonos mexicanos formaban o llegaron a formar parte de la nobleza. Los títulos se obtenían después de que varias generaciones hubieran amasado enormes fortunas a través del comercio, los bienes raíces o la minería. Por ejemplo, Pedro Romero de Terreros, nacido en el seno de una familia común en España, hizo fortuna invirtiendo en minas de plata y se casó con la noble María Antonia de Trebuesto y Dávalos. En 1768, fue elevado a la nobleza y se convirtió en el primer conde de Regla.

La nobleza española en México estaba obligada a mantener un cierto nivel de lujo, especialmente en lo referente a sus casas. Así, la ciudad de México se convirtió en «la ciudad de los palacios» debido a las fastuosas residencias de los ciudadanos más ricos. Algunos poseían haciendas del tamaño de pequeños reinos. El marqués de San Miguel de Aguayo amasó un dominio que tenía dos tercios del tamaño de Portugal. El marqués dejó sus propiedades en manos de administradores, mientras que su familia poseía cuatro residencias palaciegas en Ciudad de México. Muchos palacios se alineaban a lo largo de la calle de San Francisco. Cerca de la Alameda se encontraban las casas del marqués de Guardiola, de la familia Borda, del marqués de Prado Alegre y de los condes del Valle de Orizaba. Quizá la más famosa fuera un antiguo convento convertido en réplica del palacio de Palermo, que fue regalo de bodas del marqués de Jara a su hija y al marido siciliano de esta. Más tarde fue propiedad de Agustín de Iturbide y ahora se conoce como el Palacio de Iturbide.

La Ciudad de México también ha luchado constantemente con una gran población de pobres urbanos. El humilde Pedro Romero de Terreros, conde de Regla, ordenó la creación del Nacional Monte de Piedad, una organización sin ánimo de lucro que ofrecía préstamos sin intereses a los pobres. Gran parte de la ayuda a los pobres de las ciudades procedía de donantes particulares y de la iglesia. Muy pronto, Hernán Cortés costeó la construcción del Hospital de Jesús. La Casa de Pobres de la Ciudad de México también se estableció en 1774 con fondos de Cortés. La Casa de Cuna se creó en 1767 para los niños abandonados de la ciudad. La Corona española mantenía el monopolio del tabaco, por lo que la creación de la Real Fábrica de Cigarros se vio no solo como una fuente de ingresos para el rey, sino como un medio de dar trabajo a los pobres, especialmente a las mujeres. Aun así, poco se pudo hacer contra las malas cosechas y la mala gestión de la crisis, que provocó dos importantes motines del pan en la ciudad de México en 1624 y 1692.

Mientras el galeón de Manila seguía navegando regularmente de Acapulco a Filipinas cargado de plata mexicana, la disminución de la población indígena supuso cambios en la forma en que las haciendas y las minas mantenían la mano de obra. En lugar de reclutar mano de obra en los pueblos indígenas, los trabajadores pasaron a ser libres y asalariados. Aun así, un pequeño grupo de hombres de negocios dominaba las principales actividades económicas. La mina de plata de Pedro Romero de Terreros en Real del Monte intentó recortar los costos laborales, lo que provocó una gran huelga. Aunque el virrey convenció a Terreros para que cediera, solo fue algo momentáneo. Las relaciones laborales siguieron siendo volátiles, y la producción de las minas crecía y menguaba con la cantidad de plata encontrada y el número de mineros dispuestos a soportar las condiciones de las minas. Mientras las minas siguieron siendo inversiones volátiles, México continuó produciendo grandes cantidades de plata. A finales del siglo XVII, México superó a Perú como mayor productor mundial de plata. Sin embargo, la riqueza que esto produjo no se distribuyó de manera uniforme.

A finales del siglo XVIII, Nueva España se dirigía hacia la crisis. El nivel de vida disminuyó para los pobres mientras los salarios permanecían estáticos. Al mismo tiempo, la población aumentaba. Las organizaciones benéficas privadas y la iglesia no podían satisfacer las necesidades de las clases bajas. Las crisis alimentarias eran frecuentes y la escasez provocó un aumento de los precios y una disminución de la producción. Al mismo tiempo, las necesidades de México siempre iban por detrás de las necesidades de la Corona y de España, especialmente en tiempos de guerra. Como en otras colonias, la presión de los impuestos también se dejó sentir con fuerza. Las cosas estaban llegando a un punto de ebullición.

Capítulo 6: La guerra de Independencia y el Primer Imperio

Al salir el sol, el 9 de diciembre de 1531, un campesino chichimeca llamado Juan Diego caminaba por el cerro del Tepeyac, en la campiña al norte de la Ciudad de México, cuando recibió la visita de una visión de la Virgen María. Ella le dijo que mandara construir una capilla en aquel lugar para poder ayudar a quienes la invocaran en su necesidad. Juan recibió instrucciones de acudir al obispo de México, Juan de Zumárraga, para solicitar que se construyera una capilla. Así lo hizo Juan, pero fue rechazado por el obispo. Se encontró de nuevo con la Virgen y ella le dijo que volviera a ver al obispo. Juan fue de nuevo donde el obispo, y este le pidió una señal. Juan volvió a ver a la Virgen, y ella accedió a proporcionarle una señal al día siguiente. El tío de Juan, Juan Diego Bernardino, enfermó, y temiendo que muriera, Juan partió en busca de un sacerdote. Esta vez, intentó evitar a la Virgen, pero ella acudió a él de todos modos y lo regañó por no acudir a ella. Ella le preguntó: «¿No estoy aquí, yo, que soy tu madre?». Ella le dijo que su tío se había recuperado y le dio una señal, una representación de la Virgen hecha con flores milagrosas en su manto. Llevó esto al obispo, y el manto ha sido venerado desde entonces. La Virgen también se había aparecido al tío de Juan y le había dicho que deseaba ser conocida como Guadalupe. Ella había hablado a ambos hombres en la lengua azteca del náhuatl. A partir de entonces, sería conocida como Nuestra Señora de Guadalupe o la Virgen de Guadalupe, y a su alrededor creció un devoto grupo de seguidores.

Una pintura de la visión de Juan Diego de la Virgen María[4]

En 1709, se terminó de construir una gran iglesia al pie del cerro del Tepeyac, que se convertiría en la basílica de Nuestra Señora de Guadalupe. En 1754, el papa Benedicto XIV declaró en una bula papal que Nuestra Señora de Guadalupe era la patrona de Nueva España. Juan Diego fue finalmente nombrado santo, y la imagen de su manto atrajo a peregrinos de todo el mundo. Uno de los elementos clave de esta aparición de la Virgen María fue que hablaba en una lengua nativa y parecía una nativa, con el pelo oscuro y la piel morena. Para los indígenas que sufrían la conquista española, ella representaba una fuente de ayuda y protección. La Virgen de Guadalupe velaba por ellos y su imagen se hizo prominente en toda Nueva España. Para los mexicanos de ascendencia mixta que se sentían alejados de España y de las preocupaciones de Europa, ella era un símbolo de independencia y fuerza. Se convirtió en defensora de los desvalidos, de los nativos mexicanos, de los que carecían de poder. La elección de su mensajero, el chichimeca Juan Diego, indicaba que era una santa para la gente común, las mujeres y los mestizos. La veneración a Nuestra Señora de Guadalupe llegó a representar un componente clave de una nueva identidad cultural, la del pueblo mexicano. En 1810, el cura Miguel Hidalgo incluso inició la guerra de Independencia mexicana con las palabras: «¡Viva la Virgen de Guadalupe!».

En 1808, el rey Carlos IV de España abdicó al trono y se presumía que su hijo Fernando tomaría el relevo. Pero una presencia en Europa había cambiado el *statu quo*: Napoleón Bonaparte. Napoleón, que había introducido un gran número de soldados franceses en España, arregló las cosas para que Fernando no se convirtiera en rey. En cambio, la corona de España pasaría al hermano de Napoleón, José. Esto provocó rebeliones en varias partes de España y una creciente preocupación en Nueva España. El pueblo mexicano había crecido descontento bajo el dominio español, pero ahora estaría sometido a un gobierno completamente extranjero y bajo el pulgar de la temida familia Bonaparte.

El Congreso de Chilpancingo se reunió en 1813 y se ratificó una declaración de independencia junto con una constitución. El concepto de «nacionalismo criollo» se definió más claramente en el documento *Sentimientos de la Nación* presentado por Morelos. «Creole», en este sentido, más exactamente presentado como criollo, se refiere a los descendientes de españoles nacidos en Nueva España. En el documento, se refieren a sí mismos como americanos. Los *Sentimientos de la Nación* establecieron el catolicismo como la única religión tolerada y reservaron puestos de trabajo solo para los americanos. También estableció una fiesta nacional el 12 de diciembre para celebrar a la Virgen de Guadalupe.

A pesar de sus primeras victorias contra las fuerzas realistas, Morelos fue derrotado varias veces después del Congreso de Chilpancingo. Para entonces, Fernando VII estaba siendo reinstalado en el trono de España, pero muchos de los habitantes de México consideraban que la independencia de España era crucial para el futuro de la nación. En 1813, un brillante general realista llamado Félix María Calleja del Rey se convirtió en virrey de Nueva España. Actuó con rapidez, confiscando los bienes de la disuelta Inquisición y cultivando la recaudación de impuestos. Reestructuró la hacienda y, con ello, generó riqueza suficiente para construir un ejército grande y poderoso.

Cuando Fernando regresó al trono, envió a los jesuitas de vuelta a México y reinstituyó la Inquisición. Sin embargo, Calleja había terminado su objetivo. Rodeó y capturó a Morelos en noviembre de 1815. Declarado culpable por la Inquisición, Morelos fue ejecutado por un pelotón de fusilamiento el 22 de diciembre.

Con la muerte de Morelos, pareció durante un tiempo que la revolución había terminado. Sin embargo, los guerrilleros siguieron hostigando a los monárquicos durante los años siguientes. De estos grupos surgieron dos líderes: Guadalupe Victoria en Pueblo y Vicente Guerrero en Oaxaca. Calleja respondió, volviéndose más dictatorial en su liderazgo de la colonia. Esto provocó las quejas de los realistas que afirmaban que sus brutales tácticas solo empeoraban las cosas. Fue relevado de su cargo en 1816.

El sucesor de Calleja fue Juan José Ruiz de Apodaca y Eliza. Apodaca comenzó ofreciendo amnistía a todos los rebeldes que se entregaran y aceptaran la paz. Miles de rebeldes aceptaron la oferta, pero Victoria y Guerrero permanecieron en abierta rebelión.

En 1817, Francisco Javier Mina llegó a México. Mina era un militar español que se oponía a la monarquía absoluta del rey Fernando. Había formado parte de un golpe de Estado fallido para derrocar a Fernando. Huyó a Francia y después a Inglaterra, donde embarcó hacia Baltimore. Mina y los agentes mexicanos en Estados Unidos reunieron hombres y dos barcos para una expedición a Nueva España con la esperanza de acabar allí con el dominio de la monarquía. Un comerciante estadounidense llamado William Davis Robinson, que comerciaba mucho en México, escribió unas memorias en las que destacaba la campaña de Mina. Según Robinson, el virrey Apodaca recibió órdenes del gobierno español de detener a Mina a toda costa. Al ser español,

Mina representaba un nuevo tipo de líder revolucionario, que despertaba los ideales republicanos de los intelectuales mexicanos. Durante un tiempo, los cafés de Ciudad de México se llenaron de gente que apoyaba abiertamente la causa de Mina.

En mayo de 1817, Mina, con una fuerza de 300 hombres, se dirigió al Fuerte del Sombrero, una fortificación en poder de Pedro Moreno, el revolucionario que había organizado a los campesinos de su zona para luchar contra los españoles. Apodaca envió una fuerza para derrotarlo, dirigida por el inspector general don Pasqual Liñán. Mina y Moreno contuvieron a las fuerzas realistas hasta agosto, cuando se vieron obligados a huir de las fuerzas de Pascual Liñán. Los revolucionarios libraron algunas batallas antes de regresar a Fuerte del Sombrero, donde quedaron atrapados sin provisiones. Su segunda huida terminó con la muerte de Moreno y la captura de Mina. Este último fue finalmente llevado ante el mariscal de campo Liñán y ejecutado por un pelotón de fusilamiento. Parecía, una vez más, que la guerra por la independencia había llegado a su fin.

Sin embargo, la política internacional ayudó a mantener viva la idea de la independencia mexicana. Estados Unidos, Gran Bretaña y Francia estaban interesados en los beneficios que podrían obtenerse si España dejaba de controlar México. Pero aún más importante que esto era el creciente deseo del pueblo mexicano de independizarse del control español. Esto tomó varias formas dentro del virreinato. Algunos querían una ruptura total con España y el establecimiento de una república. Otros estaban dispuestos a dejar que Fernando continuara como rey tanto de España como de México. De este modo, México tendría la misma posición y no se vería obligado a proveer a España sin nada a cambio. Otros querían algo intermedio. Algunos deseaban la igualdad para todos los habitantes de México, mientras que otros creían en la adhesión al sistema de castas. Sin embargo, los acontecimientos en España volvieron a condicionar el futuro de la lucha por la independencia de México.

No solo Nueva España se resistió al yugo de la monarquía española. Mucho había ocurrido en el Virreinato de Nueva Granada, compuesto por las naciones de Colombia, Ecuador, Panamá y Venezuela. Allí, figuras revolucionarias como Simón Bolívar y Francisco de Paula Santander habían luchado contra las fuerzas monárquicas y fomentado alianzas con enemigos españoles como Inglaterra. En 1819, sin embargo, las fuerzas realistas controlaban tanto Nueva Granada como

Chile. España envió un gran número de tropas a través del Atlántico para luchar, pero muchas murieron a su llegada a causa de enfermedades tropicales. La gran mayoría de las fuerzas realistas eran, de hecho, hispanoamericanos.

La guerra por la independencia de Perú había comenzado en 1810. El virrey de Perú estaba ocupado lidiando con lord Cochrane, un oficial naval escocés un tanto caído en desgracia que había llegado a Sudamérica tras ser licenciado de la Marina Real británica acusado de fraude en la bolsa. En 1819, Cochrane había tomado la ciudad de Valdivia, en Chile, de gran importancia estratégica.

En enero de 1820, el rey Fernando de España organizó una operación militar masiva para poner fin a las guerras de independencia en las colonias españolas. Fernando ordenó la formación de diez batallones. Puso a un soldado liberal llamado Rafael del Riego y Flórez al mando del batallón asturiano. Esto resultó ser un error, ya que Riego pronto organizó un motín. Muchos se unieron a su causa, que era la restauración de la Constitución de 1812, la cual Fernando había abolido. Después de que el palacio real fuera rodeado por soldados, Fernando accedió a restaurar la Constitución.

El virrey Apodaca de Nueva España había recibido la orden de restablecer la Constitución de 1812, pero había retrasado su publicación. Estaba trabajando en un acuerdo secreto en el que Nueva España sería declarada independiente y a Fernando se le ofrecería el cargo de monarca absoluto sin mención alguna de la Constitución. Para facilitar este plan, Apodaca había elegido al general Agustín de Iturbide para representar los deseos del virrey en las reuniones clandestinas que se conocerían como la «conspiración de La Profesa», llamada así por la iglesia donde se reunieron los líderes conservadores para evitar la restauración de la constitución. Sin embargo, Iturbide demostró ser un actor más dinámico en la intriga política de la independencia mexicana de lo que quizá el virrey había sospechado.

Agustín había nacido en el seno de una familia noble vasca que poseía extensas tierras en Valladolid. Iturbide estudió en el Colegio de San Nicolás, donde también lo hicieron Hidalgo y Morelos. Sin embargo, se alistó en el ejército y pronto empezó a luchar por los realistas contra los insurgentes. Hidalgo había llegado a ofrecer a Iturbide un alto rango en el ejército campesino, pero este lo rechazó. Iturbide se distinguió luchando contra las fuerzas de Morelos. Sin embargo, el ascenso de Iturbide en las filas fue mancillado debido a acusaciones de crueldad y corrupción, y fue relevado de su mando. En 1820, su suerte se invirtió cuando fue restituido por el virrey Apodaca.

La tarea de Iturbide, además de participar en la conspiración de la Profesa, era acabar con el guerrillero Vicente Guerrero. Gracias a unas cartas descubiertas en 2006, sabemos que Iturbide y Guerrero mantuvieron una correspondencia durante sus campañas el uno contra el otro. En estas cartas, ambos líderes expresan su pesar por los enfrentamientos. A continuación, Iturbide explica que está interesado en el mismo objetivo que Guerrero, concretamente la liberación de México.

Para entender este giro aparentemente radical del general Iturbide, debemos comprender mejor la complicada dinámica que se estaba dando dentro de Nueva España. Las primeras rebeliones se centraron en las clases bajas, entre la gente común (campesinos) y los indígenas. Iturbide no pertenecía a estas clases y no le interesaban sus deseos. Era un criollo, un español nacido en México que estaba motivado por lo que era mejor para sí mismo y para su clase. Iturbide apoyaba el derecho de la dinastía borbónica a gobernar el Imperio español. Tras el restablecimiento de la Constitución, Fernando VII ya no era el gobernante absoluto de España. Esto preocupó a las élites de México, que no estaban interesadas en una monarquía constitucional. Las élites no confiaban en el nuevo gobierno de España, por lo que perdieron la confianza en el virreinato. La clase social de Iturbide empezó a pensar que si Fernando era depuesto, lo que parecía probable, podría gobernar como monarca absoluto del nuevo México libre e independiente. Por lo tanto, los intereses de los campesinos y de las élites estaban alineados en querer sacar al virreinato de la Nueva España.

Iturbide no quería que el republicanismo se apoderara de México, y pensaba que la única forma de garantizarlo era que México se liberara del dominio español e instituyera su propia monarquía. Iturbide sabía que, para ello, necesitaría una alianza entre los plebeyos, la aristocracia terrateniente y la Iglesia católica. Redactó su plan para conseguirlo, llamado el Plan de Iguala. El plan contenía tres garantías: la independencia de España, el catolicismo como única religión aceptada y la igualdad de todos los habitantes de México. Esto se resume a menudo como independencia, religión y unión. El plan preveía el establecimiento de una monarquía en México. Iturbide creía que esto satisfaría todas las demandas de los diversos grupos necesarios para asegurar la independencia: los insurgentes, los realistas, los criollos y la Iglesia católica. Tras cuidadosas negociaciones, el plan fue publicado el 24 de febrero de 1821 por Iturbide, Guerrero y Guadalupe Victoria. Iturbide fue colocado entonces al frente del Ejército de las Tres Garantías (también llamado Ejército Trigarante). Habían pedido al virrey Apodaca que se convirtiera en el líder del movimiento, pero este se negó y nombró traidor a Iturbide. Apodaca envió tropas al mando de Antonio López de Santa Anna, pero estas también se unieron a los rebeldes. Apodaca fue finalmente depuesto por un grupo de realistas que lo declararon inepto. Fue sustituido por Juan de O'Donojú y O'Ryan.

O'Donojú firmó el Tratado de Córdoba cuando el Ejército de las Tres Garantías marchó hacia la Ciudad de México en agosto de 1821. Este tratado ratificó esencialmente la independencia mexicana. El incipiente gobierno mexicano envió rápidamente una oferta a Fernando para que se convirtiera en el rey de México, con la idea de que, si se negaba, otro miembro de la familia Borbón sería elegido para gobernar. Fernando rechazó la oferta y se negó a aceptar las condiciones del Tratado de Córdoba.

En mayo de 1822 comenzó un movimiento para colocar a Iturbide en el trono del recién creado Imperio mexicano, centrado principalmente en el ejército mexicano. Con el tiempo, el movimiento se extendió al público en general, que se agolpaba en las calles exigiendo poner a Iturbide en el trono. El nuevo Congreso mexicano deliberó sobre la idea. Finalmente, celebraron una votación y decidieron que lo mejor sería hacer emperador a Iturbide, ya que esto complacería tanto a las facciones liberales como a las conservadoras del gobierno. Iturbide fue coronado emperador Agustín I el 21 de julio de 1822, en la Catedral Metropolitana de Ciudad de México.

Capítulo 7: Santa Anna y la guerra mexicano-estadounidense

El emperador de México no estaba destinado a un largo reinado, como tampoco lo estaba el Primer Imperio mexicano. La administración del imperio parecía estar plagada de dificultades desde el principio. Cuando se concibió por primera vez, el imperio era bastante grande, expandiéndose mucho más allá de las fronteras modernas de México hacia Texas, Nuevo México, Arizona, California y las naciones centroamericanas de Honduras, Guatemala, Costa Rica, El Salvador y Nicaragua. El emperador Iturbide se aferró a un mayor control, pero los elementos liberales del Congreso querían que se atuviera a las restricciones de la Constitución española de 1812. Iturbide se opuso a esto, declarando que el Congreso no había conseguido nada en sus seis meses de existencia, y lo disolvió por completo. Debido a los enfrentamientos entre el emperador y el Congreso, este había sido incapaz de establecer una constitución propia. Sus respectivos poderes seguían sin estar claros, lo que provocó más enfrentamientos.

Para sustituir al Congreso, Iturbide creó una Junta Nacional Institucional. Sin embargo, en el seno del ejército se estaba gestando una revuelta contra Iturbide. Comenzó con Antonio López de Santa Anna en Veracruz, que fue declarado traidor. Pero pronto se le unió la guerrillera Guadalupe Victoria. Tras enfrentarse a las tropas imperiales, al llamado «ejército insurgente» se unieron Vicente Guerrero y Nicolás Bravo, líder militar y político. Un general fue enviado por Iturbide, pero desertó a la causa revolucionaria, al igual que Iturbide había hecho solo unos años antes. Iturbide se vio obligado a volver a convocar al Congreso. Entonces, al no ver otra opción, abdicó. Al antiguo emperador se le permitió abandonar la capital con su familia antes de que los rebeldes tomaran el control.

Se formó un gobierno provisional tras la caída del imperio en abril de 1823. La soberanía pasó al Congreso, que nombró un triunvirato para ostentar los poderes ejecutivos. Este estaba formado por Guadalupe Victoria, Nicolás Bravo y Pedro Celestino Joseph Negrete, antiguo monárquico y partidario de Iturbide. Negrete, que había sido amigo de Iturbide, había presionado al emperador para que abdicara. En octubre de 1824, se adoptó la Constitución de los Estados Unidos Mexicanos, que establecía un sistema de republicanismo consistente en un gobierno representativo, popular y federal. El primer presidente elegido en los Estados Unidos Mexicanos fue el general Guadalupe Victoria. El general había servido bajo el mando de Morelos y había luchado junto a Iturbide, pero se había enfrentado al emperador cuando se disolvió el Congreso. El primer mandato de Victoria comenzó en abril de 1825.

A la caída del Primer Imperio mexicano, varios territorios se separaron para formar sus propias naciones, como las Provincias Unidas de Centroamérica, Honduras Británica y la costa de Mosquitos. El presidente Victoria reconoció la soberanía de estas naciones y se centró en la problemática tarea que tenía ante sí. Su objetivo de mantener la República Mexicana se vio obstaculizado en casi todo momento. Tuvo que hacer frente a tres revueltas distintas, una de ellas iniciada por su propio vicepresidente, Nicolás Bravo. Bajo el liderazgo de Victoria, el último reducto del control español, el fuerte de San Juan de Ulúa en Veracruz, finalmente se rindió. Para ello, Victoria creó la marina de México. El nuevo presidente se enfrentó a problemas económicos y se vio obligado a pedir préstamos a empresas del Reino Unido, pero mantuvo la economía a flote. En 1824, el gobierno mexicano promulgó la Ley General de Colonización, que incentivaba la inmigración extranjera. Esto provocó una avalancha de inmigrantes estadounidenses a Coahuila y Texas, al norte del Río Bravo. A esto siguió una breve rebelión liderada por el colono tejano Haden Edwards, que declaró su pequeña parte del estado libre de México y formó la República de Fredonia. Edwards se vio obligado a huir después de que Victoria enviara al ejército mexicano a sofocar la rebelión. Victoria también se unió a la Unión Panamericana de Simón Bolívar.

En las elecciones de 1828, Victoria no se presentó, sino que apoyó a Manuel Gómez Pedraza. Esto enfureció a una gran facción que quería ver a Vicente Guerrero como el próximo presidente. Pedraza ganó las elecciones, pero esto provocó una protesta entre los partidarios de Guerrero. Pedraza se vio obligado a huir, y surgió una revuelta general en la que el general Antonio López de Santa Anna comenzó a tomar ciudades en nombre de Guerrero. Las fuerzas rebeldes entraron en Ciudad de México y tomaron el control de la Acordada, un edificio que contenía una gran cantidad de municiones. La revolución sería conocida como el motín de la Acordada. Tras unos días de combates en la capital, el Congreso hizo caso omiso de la Constitución y declaró a Vicente Guerrero próximo presidente de los Estados Unidos Mexicanos. El presidente Victoria respetó la decisión del Congreso y entregó la presidencia a Guerrero en abril de 1829. El nuevo presidente tenía inclinaciones liberales y era yorkino. (Tras la independencia, el diplomático estadounidense Joel Robert Poinsett había establecido en México una logia masónica llamada la Masonería del Rito de York. Los miembros de esta logia se llamaban yorkinos. Eran liberales opuestos a una logia conocida como los masones del Rito Escocés, que se había establecido antes de la independencia y era acérrimamente conservadora). Sin embargo, algunos yorkinos se opusieron a Guerrero porque lo consideraban demasiado radical.

El vicepresidente de Guerrero fue el conservador Anastasio Bustamante. Como Guerrero era mestizo y de clase baja, muchos lo aclamaron como un héroe popular que estaba recuperando el país de manos de los descendientes de europeos. Otros, especialmente los criollos, estaban preocupados por lo que haría el presidente. Debido a las dudas sobre su legitimidad, Guerrero tuvo problemas desde el principio de su mandato. Su mayor logro fue la completa abolición de la esclavitud en México. En el primer año de su mandato, su vicepresidente formó una rebelión. Guerrero había abandonado la ciudad de México para luchar contra el rebelde Nicolás Bravo en el sur. Mientras estaba fuera, la guarnición de la ciudad lo depuso. En el sur, Guerrero fue traicionado, capturado y juzgado en un consejo de guerra. Finalmente, fue ejecutado por un pelotón de fusilamiento en 1831. Anastasio Bustamante fue finalmente nombrado presidente. Expulsó a Joel Roberts Poinsett y prohibió la inmigración de estadounidenses a Texas.

Sin embargo, se estaba desarrollando una facción revolucionaria que se oponía al conservadurismo de Bustamante y a lo que consideraba políticas autocráticas. Esta facción propuso como líder a Antonio López de Santa Anna, que había participado en varias revoluciones.

Santa Anna nació en Veracruz en 1794. Su carrera militar y política se caracterizó por numerosos reveses y cambios de bando. Había sido monárquico y luego se unió a los insurgentes junto con Agustín Iturbide durante la guerra de Independencia. Durante el Primer Imperio, Santa Anna tenía el mando del vital puerto de Veracruz. Cuando Iturbide lo destituyó de este cargo, se rebeló contra el emperador. En un principio, Santa Anna había apoyado a los masones conservadores del Rito Escocés, pero luego se unió a los liberales yorkinos y apoyó a Guerrero como presidente. En 1829, España hizo un último intento de retomar México. Santa Anna marchó contra ellos con una fuerza mucho menor y derrotó a la «Expedición de Barradas» española. Esto convirtió a Santa Anna en un héroe nacional.

Tras declarar su rebelión contra Bustamante en 1832, Santa Anna acabó triunfando y forzó la dimisión de Bustamante. Aunque Santa Anna fue elegido presidente, no estaba muy interesado en gobernar. Desde el inicio de su mandato en 1833, su vicepresidente, Valentín Gómez Farías, se encargó de dirigir el país. Santa Anna pasaba la mayor parte del tiempo en su hacienda, Manga de Clavo, en Veracruz. Farías era esencialmente un moderado, pero el país estaba increíblemente endeudado tras los gastos de la administración de Bustamante. Así que Farías y el Congreso Liberal promulgaron reformas para reducir el tamaño del ejército, que era el principal gasto de la nación, y restringir las exigencias de diezmo de la Iglesia católica. Esto tuvo el efecto obvio de atraer a los conservadores en señal de protesta. Sin embargo, la solución de los conservadores fue devolver a Santa Anna al poder como autoridad central, anulando las reformas de Farías.

Santa Anna aceptó restaurar el ejército y derogar las restricciones a la Iglesia, pero solo si esta aceptaba pagar al gobierno una suma mensual de 30.000 a 40.000 pesos. Esto tuvo esencialmente el mismo efecto que las reformas liberales, pero complació a los conservadores. En 1834, Santa Anna disolvió el Congreso y anunció su adopción del Plan de Cuernavaca, que convirtió a México en un gobierno católico, centralista y conservador. En octubre de 1835 se abandonó la anterior constitución y se creó la República Centralista de México. Se adoptó una nueva constitución llamada las *Siete Leyes,* que pueden abreviarse como sigue:

1. La ciudadanía se concedería a cualquiera que supiera leer español y tuviera unos ingresos anuales de al menos 100 pesos.
2. El presidente podría cerrar el Congreso y suprimir el Tribunal Supremo.
3. El establecimiento de un Congreso de dos asambleas de diputados y senadores.
4. La Corte Suprema, el Senado de México y los ministerios designarían tres candidatos cada uno, y la cámara baja del Congreso elegiría al presidente y al vicepresidente de entre estos nominados.
5. El Tribunal Supremo, compuesto por once miembros, sería elegido de la misma manera.
6. Los estados serían sustituidos por «departamentos» cuyos gobernadores y legislaturas serían nombrados por el presidente.
7. La última ley prohibía volver a la constitución anterior durante seis años.

Santa Anna volvió a dimitir y, en 1836, José Justo Corro se convirtió en presidente. Sin embargo, justo antes de que comenzara el mandato de Corro, estalló la Revolución de Texas.

Los angloamericanos que se habían asentado en Texas se enfadaron por el paso a un gobierno centralista, especialmente por su deseo de continuar con la práctica de la esclavitud. Santa Anna dirigió personalmente a sus tropas contra el ejército texano. (A los primeros colonos angloamericanos de Tejas se los llamaba texanos, mientras que los colonos mexicanos eran tejanos). Santa Anna hizo que el Congreso aprobara una resolución por la que los soldados que lucharan contra el ejército mexicano y no estuvieran bajo la bandera de un país reconocido serían considerados piratas y ejecutados inmediatamente. Solo 100 hombres estaban estacionados en la misión de El Álamo en Béjar, que era estratégicamente importante. Solo 100 refuerzos habían llegado al fuerte cuando llegaron 1.300 tropas mexicanas y lo asediaron durante trece días. Finalmente, Santa Anna ordenó un asalto general y, tras una lucha encarnizada, no se dio cuartel. Casi todos los que estaban dentro de El Álamo fueron asesinados. Unos pocos supervivientes, quizá siete u ocho hombres, se rindieron, pero Santa Anna los hizo ejecutar según las leyes de la piratería.

Santa Anna siguió adelante y se enfrentó al ejército voluntario de Sam Houston. Los mexicanos perdieron la batalla de San Jacinto en abril de 1836. Esta vez, fueron los texanos los que no mostraron piedad mientras coreaban: «¡Recuerden El Álamo! ¡Recuerden Goliad!» Goliad había sido otra derrota. Los soldados mexicanos gritaron: «Yo no Álamo», pero fueron abatidos por los francotiradores texanos. Santa Anna había sido herido, fue capturado y llevado ante Houston. Ambos entablaron negociaciones que desembocaron en la retirada de todas las tropas mexicanas de Texas y condujeron a la creación de la República de Texas. Sin embargo, México se negó a reconocer la nueva república, alegando que Santa Anna había llegado a estos acuerdos como prisionero de guerra y no de buena fe. Las dos naciones no declararían una tregua durante varios años. Santa Anna permaneció en el exilio y se reunió con el presidente estadounidense Andrew Jackson en 1837, pero luego se le permitió regresar a México.

En 1838, fuerzas francesas fueron enviadas al puerto de Veracruz como parte de lo que se llamaría la guerra de los Pasteles. En ese momento, la presidencia estaba de nuevo en manos de Anastasio Bustamante, el conservador que había sido derrocado por Santa Anna. Los franceses habían exigido al gobierno mexicano que les pagara 600.000 pesos por los daños sufridos por ciudadanos franceses en México. La queja principal procedía de un pastelero que había hecho una petición al rey francés Luis Felipe, afirmando que en 1832 unos oficiales mexicanos habían saqueado su tienda en un pueblo de las afueras de Ciudad de México. Creía que la propiedad en cuestión valía unos 60.000 pesos. Esto ocurría en una época en la que el salario diario típico en México era de un peso, y se creía que la pastelería del pastelero valía solo 1.000 pesos. No obstante, el primer ministro francés exigió la extraordinaria suma al gobierno mexicano, que se negó a pagar. El rey francés ordenó entonces a una parte de la marina francesa que bloqueara los puertos orientales de México y se apoderara de la ciudad de Veracruz. Santa Anna ofreció rápidamente sus servicios militares para librar al país de la incursión francesa. En la batalla de Veracruz (1838), Santa Anna fue herido y tuvieron que amputarle una pierna. Esta fue enterrada con todos los honores militares. Los franceses firmaron pronto un tratado de paz en el que el gobierno mexicano se comprometía a pagar los 600.000 pesos de daños. Santa Anna utilizó la batalla y su herida para ascender de nuevo al poder.

En 1839, Santa Anna regresó como presidente. Esta vez, quizá sintiendo que sus compatriotas no merecían la libertad, Santa Anna gobernó de forma más dictatorial. Los disidentes fueron encarcelados y los periódicos censurados. En octubre de ese año, los restos del emperador Agustín Iturbide fueron depositados en una urna en la capilla de San Felipe de Jesús de la Catedral Metropolitana. Iturbide, que había estado en el exilio, había regresado a México en 1824 y había sido ejecutado por un pelotón de fusilamiento. Santa Anna hizo exhumar su cuerpo y ordenó que fuera llevado a la capital con honores. Esto fue llevado a cabo por Bustamante. Iturbide, que había sido visto como el enemigo de la República Mexicana, vio limpiada su memoria. En la capilla hay una placa que dice: «Agustín de Iturbide. Autor de la independencia de México. Compatriota, llora por él; transeúnte, admíralo. Este monumento guarda las cenizas de un héroe. Su alma descansa en el seno de Dios».

De 1839 a 1844, el cargo de presidente de México pasó por un puñado de individuos, principalmente Bustamante, Nicolás Bravo, Santa Anna y Valentín Canalizo, un presidente títere controlado por Santa Anna. En 1843, Santa Anna presentó las Bases Orgánicas, que consideraba una nueva constitución para el gobierno centralista mexicano. Bustamante había sido derrocado por una rebelión iniciada por Mariano Paredes y Arrillaga, a la que se unió Santa Anna. Bravo fue colocado en la presidencia por Santa Anna, que buscaba disolver el Congreso federalista. Aunque Bravo era centrista como Santa Anna, no apoyó los planes del general. El Congreso fue disuelto de todos modos, y se pusieron en marcha las Bases Orgánicas. La nueva constitución establecía lo siguiente

1. Para que un ciudadano varón pudiera votar, debía tener un salario anual de 200 pesos. Las mujeres no podían votar.
2. Como en las Siete Leyes, el país se dividiría en departamentos cuyos gobernadores serían nombrados por el presidente.
3. El presidente sería elegido por las asambleas departamentales para un mandato de cinco años.
4. La asamblea legislativa y el Tribunal Supremo serían muy parecidos a como se establecieron bajo las Siete Leyes.

Sin embargo, para 1844, el resentimiento contra el gobierno centralista de Santa Anna había crecido. Yucatán y Laredo se declararon repúblicas independientes. A Santa Anna no le quedó más remedio que apartarse del poder y abandonar la Ciudad de México. Su pierna honrada fue desenterrada y arrastrada por las calles hasta que se rompió en pedazos. El general fue capturado, encarcelado momentáneamente y luego exiliado a Cuba.

Ese mismo año, James K. Polk fue elegido a la presidencia de Estados Unidos. Polk había hecho campaña con la promesa de la expansión territorial. Quería anexionarse Texas y tenía planes para California, Nuevo México, Arizona, Nevada, Utah y partes de Colorado. A principios de 1845, antes de la investidura de Polk, el presidente John Tyler presentó una moción al Congreso para anexionarse Texas, y así lo hizo. México respondió rompiendo todos los lazos diplomáticos. Cuando Polk llegó a la presidencia, ordenó al embajador estadounidense en México que hiciera ofertas de compra de las regiones septentrionales de México. Ante la negativa de México, el embajador se vio obligado a huir. Polk envió entonces al general Zachary Taylor al Río Bravo, al considerar que México había actuado de forma amenazadora. Para México, esto fue visto como un acto de guerra. Creían que la frontera entre México y Texas estaba a unos 160 kilómetros al norte, en el río Nueces. Por lo tanto, el ejército de Taylor estaba ilegalmente en territorio mexicano. Estaba claro para los implicados que Polk se estaba enemistando con los mexicanos. Siguieron escaramuzas y once estadounidenses murieron en un tiroteo. Según los estadounidenses, esto significaba «sangre estadounidense derramada en suelo estadounidense». Polk pidió y recibió una declaración de guerra, y el 13 de mayo de 1846 comenzó la guerra mexicano-estadounidense.

No era un buen momento para que México entrara en guerra con una potencia como Estados Unidos. Solo en 1846, la presidencia mexicana había cambiado de manos cuatro veces. Esta inestabilidad política se vio agravada por cuestiones económicas. La opinión pública apoyaba la guerra, y quienes la cuestionaban eran considerados traidores. Pero no hubo grandes movimientos de la gente común para expulsar al ejército invasor. Los estadounidenses, en cambio, se dejaron llevar por el concepto del «destino manifiesto», que les hacía creer que Dios deseaba que Estados Unidos se extendiera desde el Atlántico hasta el Pacífico. Para cumplir este destino, argumentaban muchos, los EE. UU. necesitaban tomar los territorios mexicanos al oeste. Para algunos, esto se veía como una forma de expandir la esclavitud y dar así ventaja al sur en el conflicto político de los estados libres frente a los esclavos. No era casualidad que Polk fuera un nativo de Carolina del Norte que había sido gobernador de Tennessee y partidario de Andrew Jackson. Los norteños se oponían mayoritariamente a la guerra, incluido un joven Abraham Lincoln. Los estadounidenses la llamaron guerra de México; los mexicanos, Intervención norteamericana.

El general Taylor cruzó el río Bravo y se dirigió lentamente hacia el sur, capturando ciudades a su paso. Al mismo tiempo, había comenzado un levantamiento general de la mayoría de los estadounidenses en la región mexicana de Alto, California. Marion Paredes fue ratificado como presidente mexicano en junio de 1846, y Nicolás Bravo fue seleccionado como su vicepresidente y líder de las fuerzas mexicanas contra la invasión estadounidense. Sin embargo, las primeras derrotas a manos de Taylor y el deterioro de la situación en California provocaron la dimisión de Paredes en julio. El vicepresidente Bravo lo sustituyó, pero fue destituido por José Mariano de Salas, que declaró el inicio de una Segunda República Federal. Salas entregó entonces la presidencia a Valentín Gómez Farías, quien, junto con muchos otros, se había convencido de que solo Santa Anna podía salvar a México. Inició conversaciones con el dictador exiliado.

Santa Anna comenzó entonces a comunicarse con Polk, diciéndole que, si se le permitía el paso seguro a través de los bloqueos estadounidenses hacia México, tomaría el poder y se rendiría rápidamente a Estados Unidos, dándole a Polk el territorio que quería. Polk permitió a Santa Anna pasar a través de los bloqueos y, una vez más, Antonio López de Santa Anna fue el jefe del gobierno mexicano. Una vez dentro del territorio mexicano, Santa Anna hizo saber que no se rendiría a los estadounidenses y que estos debían esperar enfrentarse al poderío del ejército mexicano.

Santa Anna reunió un ejército de entre 18.000 y 20.000 soldados en la ciudad de San Luis Potosí, dejando a su vicepresidente, Gómez Farías, la tarea de recaudar los fondos necesarios y manejar a la revoltosa población, el mismo arreglo de la década anterior. Gómez Farías intentó de nuevo conseguir fondos a través de la Iglesia, pero el clero se negó a darle la plata que necesitaba.

Mientras tanto, Polk había decidido una nueva estrategia: invadir México a través del puerto de Veracruz. Puso al general Winfield Scott al mando de esta campaña. El general Taylor debía entregar la mitad de su ejército a Scott. Santa Anna vio esto como una oportunidad y marchó contra Taylor, cogiendo por sorpresa a los estadounidenses con superioridad numérica. Sin embargo, la batalla de Buena Vista no le daría la victoria decisiva que esperaba. Esto se debió, principalmente, a los cañones superiores que emplearon los estadounidenses. Santa Anna se vio obligado a retirarse de vuelta a Potosí, aunque reclamó la victoria porque había infligido muchas bajas al ejército de Taylor. Este reclamó la victoria para sí mismo, señalando que su ejército había resistido.

Santa Anna regresó a Ciudad de México y, debido a las abrumadoras críticas, destituyó a Gómez Farías del poder y lo sustituyó por Pedro María Anaya. Santa Anna exigió entonces dos millones de pesos a la Iglesia y recibió esa suma. Planeó hacer frente al ejército de Winfield Scott, que ya había desembarcado en Veracruz.

La situación de Scott no pintaba bien. Sus soldados empezaron a morir en gran número a causa de enfermedades tropicales. Lo superaban en número y se encontraba en un territorio escarpado y extranjero. Santa Anna esperaba a Scott en Cerro Gordo, un lugar que consideraba impenetrable. Sin embargo, no tuvo en cuenta a los ingenieros estadounidenses formados en West Point, que cavaron zanjas y construyeron puentes de formas que los mexicanos nunca habían visto. Esto hizo que Scott pudiera colocar sus poderosos cañones a ambos lados de la posición de Santa Anna. Los mexicanos quedaron destrozados y retrocedieron hacia la capital.

Las cosas empezaron a desmoronarse aún más entre los dirigentes de México. Nadie confiaba en Santa Anna, pero tampoco se podía confiar en nadie. Sus promesas a Polk se hicieron conocidas y se dudó de su «victoria» en Buena Vista. Pero no quedaba nadie más.

Santa Anna levantó otro ejército. Sin embargo, los oficiales por debajo del general no cooperaron y se amotinaron. Desobedecieron las órdenes y Scott los eliminó uno a uno. Se dirigió hacia la capital, tomando lugares estratégicos y fortalezas. Nicolás Bravo intentó defender el Castillo de Chapultepec (entonces una academia militar), pero solo contaba con cadetes. Seis cadetes perdieron valientemente la vida en una defensa desesperada contra el ejército estadounidense el 13 de septiembre de 1847. El ejército de Santa Anna se desmoronó y el consejo de la ciudad de México ordenó izar la bandera blanca de rendición.

Santa Anna intentó resistir, pero otra derrota en Puebla le costó todo su crédito. Los moderados que ahora controlaban el gobierno solo querían la paz. José Manuel de la Peña y Peña, el jefe de la Suprema

Corte, tomó las riendas como presidente. Se rindió a Scott, que rápidamente elaboró un tratado. En el Tratado de Guadalupe Hidalgo, firmado en febrero de 1848, México aceptó ceder el 55% de su territorio a Estados Unidos, tierras que se convertirían en los estados de California, Arizona, Nuevo México, Nevada, Utah, gran parte de Colorado y una porción de Wyoming. El Río Bravo sería la frontera reconocida entre Texas y México. Los EE. UU., a su vez, pagaron a México 15 millones de dólares y saldaron las deudas de los ciudadanos estadounidenses con el gobierno de México. Asimismo, México accedió a reconocer el derecho de la República de Texas a ser anexionada por Estados Unidos. En aquel momento, Texas también incluía lo que se convertiría en Oklahoma y Kansas.

Aunque los términos del tratado no eran en absoluto duros, el tratado concluía una progresión que se había iniciado muchos años antes. Después de Guadalupe Hidalgo, México se vio obligado a ocupar un lugar secundario en el continente. Durante siglos, los españoles y luego los mexicanos habían creado imperios y gozado de influencia mucho más allá de sus fronteras. México seguiría siendo una nación grande e importante, pero a partir de entonces, Estados Unidos sería la principal potencia de Norteamérica.

Capítulo 8: Reformas liberales y conservadoras (1850-1880 e. c.)

Tras la derrota frente a los estadounidenses, México confió en José Joaquín de Herrera como su próximo presidente. Herrera había sido presidente dos veces antes y sería el primer presidente en cumplir su mandato completo desde 1824. Traspasó la presidencia a José Mariano Arista, un militar que había comandado las fuerzas mexicanas en las desastrosas primeras batallas de la guerra mexicano-estadounidense, pero que había recuperado popularidad como ministro de Guerra de Herrera.

Presidente José Joaquín Antonio de Herrera⁵

Arista se convirtió en presidente en 1851. Poco después, el dinero estadounidense se agotó y México se enfrentó a unos ingresos de ocho millones de pesos con unos gastos de unos veintiséis millones. Arista hizo recortes extremos, pero no fue suficiente. Los empleados del gobierno se descontentaron, los militares no cobraban y los comandantes locales emitieron pronunciamientos ominosos que parecían precursores de más rebeliones. Aunque Arista había sido elegido, se había visto obligado a sofocar revueltas en San Luis Potosí, Veracruz y Tlaxcala. Para 1853, las cosas estaban fuera del control de Arista. Dimitió después de que una nueva revuelta llamada el Plan de Jalisco fuera tomada por partidarios de Santa Anna, llamados santanistas, con la intención de poner al dictador de nuevo en el poder. Finalmente, tuvieron éxito, y Santa Anna volvió a ser presidente en abril de 1853.

Santa Anna fue devuelto al poder principalmente con la ayuda de la Iglesia católica. Algunos clérigos pensaban que México necesitaba ser gobernado por un dictador católico fuerte, ya que se consideraba que la Iglesia era lo único que aún unía al país. Santa Anna regresó del exilio y derogó las leyes liberales anteriores que habían restringido a la Iglesia. También permitió que los jesuitas regresaran a México tras su destierro en 1767. Esta vez, Santa Anna se declaró dictador vitalicio y se dio a sí mismo el título de «alteza serenísima».

En 1853, Estados Unidos se dirigió al gobierno de Santa Anna con una oferta para comprar tierras disputadas en el noroeste del valle mexicano de Mesilla. Esto se llamó la Compra de Gadsden, que es hoy la porción sur de Arizona y la esquina suroeste de Nuevo México.

Santa Anna no quería esperar a que llegara el dinero, así que arregló un trato con los banqueros estadounidenses en el que México solo ganaba 250.000 dólares, mientras que los bancos se llevaban 650.000 dólares. Para una nueva generación de liberales que había ascendido al poder, esto era ir demasiado lejos. Santa Anna tenía el control de todos los estados de México, excepto Guerrero, que estaba gobernado por el general Juan Álvarez. Fue en Guerrero donde se redactó el Plan de Ayutla, que pretendía derrocar al dictador y redactar una nueva constitución para el país. Álvarez, Tomás Moreno y Nicolás Bravo

Benito Juárez desempeñó un papel importante en las reformas liberales de mediados del siglo XIX [6]

fueron declarados líderes de este nuevo movimiento. Entre los partidarios del plan se encontraban los liberales exiliados a Nueva Orleans por Santa Anna, incluido el abogado liberal *indio* Benito Pablo Juárez. El plan se convirtió en la revolución de Ayutla, que se centró en la reforma liberal y no únicamente en el derrocamiento de Santa Anna. En 1855, Juárez regresó a Acapulco para aliarse con Álvarez.

Nacido en 1806 en la región de Oaxaca de padres zapotecas, Benito Juárez fue el primer amerindio que alcanzó relevancia nacional en México. En 1818, se dirigió a la ciudad de Oaxaca en busca de una educación. Era analfabeto y no sabía hablar español, solo su lengua materna. En la ciudad, trabajó con su hermana y encontró un benefactor en un franciscano laico que lo envió al seminario, pero Juárez eligió el derecho antes que el sacerdocio. Se graduó en el seminario en 1827 y se licenció en derecho. Era conocido por sus ideas liberales, por lo que fue desterrado por Santa Anna.

Al regreso de Juárez y el levantamiento de la revolución de Ayutla, Santa Anna ya había dirigido un ejército para aplastar la rebelión. Aunque salió victorioso en varias batallas, sufrió grandes pérdidas. Su trato a los prisioneros (que solía acabar en ejecución) y el uso de tácticas de tierra quemada provocaron más levantamientos y la propagación del deseo de reforma de Álvarez y Juárez. Tras meses de batallas indecisas, Santa Anna regresó a Ciudad de México, donde fue denunciado por los funcionarios del gobierno.

El 12 de agosto de 1855, Santa Anna abdicó a la presidencia. Sería la última vez que ocupara un cargo oficial en México. Juan Álvarez asumió la presidencia. Santa Anna se exilió a Cuba y después pasó algún tiempo en Estados Unidos, donde dio a conocer a los estadounidenses el chicle, una goma natural que creía que podría sustituir al caucho. Aunque sus sueños de desarrollar un mercado nunca se materializaron, el chicle se utilizaría para producir goma de mascar. Sin embargo, Santa Anna nunca se benefició de esta industria. Regresó a México en 1874. Ciego y lisiado, murió en 1876.

Nicolás Bravo, que en su día había sido considerado un líder de la revolución, había muerto en 1854 cuando Santa Anna se encontraba cerca. Casualmente, Bravo murió el mismo día que su esposa, lo que hizo correr el rumor de que habían sido asesinados por orden del dictador. Juan Álvarez era un viejo soldado, que había luchado junto a Morelos, Guerrero y Bravo. Siempre se había mantenido fiel a sus ideales liberales y se había opuesto a los conservadores —y a Santa Anna, en particular— siempre que había podido.

El ministro de Justicia de Álvarez era el radical Benito Juárez, y su ministro de Guerra, el moderado Ignacio Comonfort. Con la dirección de su gabinete, intentó hacer frente a sus dos principales obstáculos: redactar una nueva constitución y abordar los crónicos problemas financieros de México. El nuevo gabinete del presidente estaba formado en su mayoría por una nueva generación de líderes mexicanos que habían crecido bajo las turbulentas revoluciones, imperios, invasiones y crisis del siglo XIX. Querían traer la paz y la prosperidad a México a través de lo que se llamaría La Reforma.

En noviembre de 1855, Álvarez promulgó la Ley Juárez, que ponía fin a la jurisdicción especial de los tribunales clericales y militares sobre los casos cívicos. El gabinete era a menudo conflictivo, y el gobierno se enfrentó a críticas por parte de los conservadores. Álvarez dimitió como presidente a finales de 1855 y entregó la presidencia a su ministro de Guerra, Ignacio Comonfort.

Comonfort tenía simpatías liberales, pero era ante todo un militar. Cuando Juárez y otro miembro del gabinete, Melchor Ocampo, apoyaron la idea de disolver el ejército y empezar de nuevo, Comonfort se opuso a ellos. Cuando Comonfort llegó a la presidencia, sustituyó a Juárez, y Ocampo dimitió y regresó a su territorio natal en Michoacán. Comonfort se enfrentó a dos revueltas durante su mandato, pero derrotó a ambas. El Congreso Constituyente se reunió y elaboró la Constitución Federal de los Estados Unidos Mexicanos de 1857. Esta constitución incluía los derechos personales, el sufragio universal masculino y la abolición de la esclavitud, la prisión de deudores y la pena de muerte. Creó un gobierno federal con un Congreso fuerte y un poder ejecutivo relativamente pequeño para evitar dictaduras. También abolió la propiedad comunal, que afectaba a la Iglesia católica y a los indígenas. Esta había sido establecida unos años antes por la Ley Laredo, pero fue codificada en la Constitución de 1857.

El clero rechazó abiertamente la constitución y Ley Laredo, hasta el punto de que varios franciscanos fueron arrestados y sus propiedades confiscadas. No solo eso, sino que uno de los gobernadores del norte se sublevó abiertamente. Otra revuelta encabezada por un sacerdote estalló en la ciudad de Puebla.

Comonfort sustituyó a todo su ministerio por políticos más moderados. Los conservadores que se habían opuesto a la reforma liberal urdieron ahora el Plan de Tacubaya, con la intención de abandonar la nueva constitución. Uno de ellos fue el general Félix María Zuloaga. Fue acusado de conspirar para derrocar al gobierno, pero luego dirigió una brigada a la ciudad de México, donde arrestó al presidente del Congreso y al presidente de la Suprema Corte, Benito Juárez. Comonfort, que había apoyado el Plan de Tacubaya, cambió ahora de opinión. Liberó a Juárez y dimitió como presidente en diciembre de 1857. La presidencia recayó entonces en el siguiente en la línea, según la constitución, el presidente de la Suprema Corte. Comonfort se exilió en Europa y luego en Texas, desde donde pudo regresar a México.

Algunos estados reconocerían a Benito Juárez como presidente, mientras que otros al conservador Félix Zuloaga. Esto conduciría a una guerra civil en México conocida como la guerra de Reforma. Juárez y su gabinete se vieron obligados a huir de Ciudad de México al estado de Querétaro; finalmente hizo su capital en Veracruz. Nombró a Santos Degollado jefe del Ejército liberal. El Ejército conservador estaba mejor equipado y mejor entrenado, por lo que Degollado se enfrentó a una derrota tras otra en el campo de batalla. Aun así, el gobierno liberal permaneció y el ejército siguió luchando. Sin embargo, el gobierno de Zuloaga no pudo crear una constitución, lo que provocó su derrocamiento. La presidencia conservadora fue finalmente ocupada por Miguel Miramón, un general conservador de solo veintisiete años. Cada bando intentó atacar la capital del otro, pero fue derrotado o se rindió.

En 1859, Miramón volvió a tener planes para sitiar Veracruz. Quería reunirse con una escuadra naval, pero la Armada de Estados Unidos estaba bloqueando a los barcos conservadores que intentaban desembarcar en México. Los liberales habían conseguido fondos de guerra confiscando posesiones eclesiásticas, mientras que los conservadores se estaban quedando sin recursos. Degollado comenzó a obtener victorias en todo el país. El nuevo general liberal, Jesús González Ortega, se acercaba ahora a la ciudad de México. Las batallas decisivas tuvieron lugar en San Miguel Calpulalpan el 22 de diciembre de 1860. Miramón, superado en número dos a uno, fue derrotado, y los conservadores aceptaron rendirse. Tras la victoria liberal, Miramón se exilió en La Habana.

En marzo de 1861, Juárez fue elegido presidente de la república por una amplia mayoría. Sin embargo, la protección y el reconocimiento del gobierno liberal por parte de Estados Unidos pronto se evaporaron con el estallido de la guerra de Secesión estadounidense. México, con una deuda de 51 millones de pesos, suspendió el pago de la deuda durante dos años. Inglaterra, España y Francia acordaron ocupar las aduanas mexicanas para forzar el pago de la deuda. Los ingleses y los españoles se retiraron cuando se hizo evidente que los franceses, dirigidos por Napoleón III, habían decidido traer tropas para una invasión a gran escala.

Esta segunda intervención francesa se debió a una oportunidad percibida de ganar un nuevo punto de apoyo en Norteamérica. Napoleón III quería destituir al gobierno de Juárez y sustituirlo por una monarquía gobernada por un príncipe europeo. Eligió al archiduque Fernando Maximiliano de Austria y Habsburgo. Lo que siguió fue la segunda guerra franco-mexicana de 1862 a 1867. Los franceses finalmente colocaron a Maximiliano en el trono en 1864 como jefe del Segundo Imperio mexicano. Sin embargo, los franceses nunca pudieron acabar del todo con el gobierno republicano encarnado en Juárez, quien siempre eludió sus garras.

Francia tenía varios problemas con la intervención. Uno era que esperaban una fuerte alianza con los conservadores de México. Sin embargo, Maximiliano demostró tener una inclinación algo liberal y no nombró a conservadores para puestos importantes en su corte. En 1866, los crecientes costos, los problemas políticos en Europa, la oposición interna y la oposición de los recién unificados Estados Unidos llevaron a la retirada de las tropas francesas. Maximiliano optó por permanecer en México y solicitó la ayuda del general Miramón para organizar una última resistencia contra los ejércitos liberales invasores. Los comandantes liberales, Mariano Escobedo y Porfirio Díaz, lograron las victorias finales sobre los conservadores, y Díaz capturó la Ciudad de México en 1867. Maximiliano, Miramón y el general Tomás Mejía fueron llevados ante un consejo de guerra en virtud de las leyes de traición establecidas en 1862. Los tres fueron declarados culpables y ejecutados por un pelotón de fusilamiento. No pasó desapercibido que Maximiliano, un Habsburgo descendiente del emperador español Carlos V, fuera ajusticiado en una colina a las afueras de Ciudad de México y asesinado por los soldados mestizos de un ejército republicano. Pretendía ser una advertencia para cualquier monarca europeo con intenciones de inmiscuirse en los asuntos de las repúblicas americanas. Benito Juárez, que había mantenido la República Mexicana a través de las guerras de Reforma y la intervención francesa, se convirtió de nuevo en presidente, esta vez sobre un México aparentemente unificado.

Tercera parte:
Revolución y evolución
(1870 al presente)

Capítulo 9: El México de Porfirio

Porfirio Díaz nació en Oaxaca en 1830, hijo de padre criollo y madre mestiza. Su padre era un modesto posadero que murió de cólera cuando Porfirio tenía solo tres años. A pesar de las dificultades económicas de la familia, Porfirio fue enviado a la escuela cuando tenía seis años. Finalmente, se decidió que siguiera una carrera eclesiástica. Sin embargo, Díaz, como muchos otros estudiantes durante la guerra mexicano-estadounidense, se alistó en el ejército en su lugar. En 1846, Díaz conoció al gobernador de Oaxaca, Benito Juárez. Se hizo liberal y permaneció leal a Juárez incluso después de que Santa Anna regresara al poder, uniéndose a los grupos guerrilleros que luchaban contra el gobierno de Santa Anna. Díaz fue recompensado cuando los liberales recuperaron el poder y ascendió rápidamente al rango de general. Cuando los franceses invadieron el país, demostró ser un táctico más que capaz. Obtuvo victorias en la batalla de Puebla, Nochixtlán y La Carbonera. Fue capturado por los franceses, pero escapó y se le pidió que se uniera a los conservadores; sin embargo, prometió lealtad a los liberales. En 1867, el emperador Maximiliano le ofreció a Díaz el mando del Ejército Imperial, pero Díaz lo rechazó. Al final de la guerra con Francia, Díaz era un héroe nacional. Juárez volvió a la presidencia y Porfirio Díaz renunció al ejército y regresó a su casa en Oaxaca.

Sin embargo, Díaz pronto expresó su oposición a la presidencia de Juárez. El general defendió la limitación de mandatos y se presentó contra Juárez en 1870. Cuando Juárez ganó, Díaz hizo acusaciones de fraude. En abierto desafío a Juárez, creó el Plan de la Noria y se le unieron otros líderes descontentos. Fue derrotado en la batalla de La

Bufa en marzo de 1872.

Entonces, en julio de ese mismo año, Benito Juárez, que había sido el vigésimo sexto presidente de México durante más de catorce años, murió de un ataque al corazón en la capital. Sebastián Lerdo de Tejada, titular de la Suprema Corte, se convirtió en presidente interino. Tras la celebración de elecciones, Lerdo se convirtió en el vigésimo séptimo presidente. A pesar de los arrebatos de rebeldía de Porfirio, Lerdo le ofreció la amnistía. El general la aceptó y se retiró a una hacienda en Veracruz.

El nuevo presidente era honesto pero frío. Se negó a permitir la construcción de ferrocarriles que conectaran Estados Unidos y México, lo que enfureció a los intereses ferroviarios estadounidenses. Esto también aumentó las tensiones relacionadas con los bandidos mexicanos y amerindios que cruzaban la frontera para asaltar propiedades estadounidenses y luego desaparecían en el desierto mexicano. Lerdo también se hizo impopular en México. Cuando anunció que se presentaría de nuevo a la presidencia, Díaz y sus partidarios anunciaron el Plan de Tuxtepec, que pedía el «sufragio efectivo» y la «no reelección». Esto resonó entre los mexicanos educados.

Díaz reunió tropas, apoyo y dinero en Texas, pero su planeada invasión fue derrotada. Díaz tomó entonces un barco hacia Veracruz, disfrazado de obrero. Entró en Oaxaca, reunió un pequeño ejército y marchó hacia la capital. Podría haber sido derrotado de nuevo de no ser por el nuevo jefe del Tribunal Supremo, José María Iglesias. Con el argumento de que no debían contarse los votos de los estados en abierta revuelta, Iglesias anuló la reelección de Lerdo y se nombró a sí mismo presidente interino. En medio de la confusión, el general Porfirio Díaz, al frente de su pequeño ejército, capturó la capital y fue alabado como el salvador del país. Cabalgó triunfante por las calles mientras Lerdo e Iglesias se embarcaban rápidamente hacia un exilio autoimpuesto.

Díaz fue nombrado presidente provincial y tomó posesión como presidente constitucional en 1877. Rápidamente, descartó cualquier plan de reinstaurar a Lerdo o a Iglesias. Sin embargo, evitó los errores cometidos por los presidentes anteriores. No adoptó una línea dura contra la Iglesia católica o los militares, sino que se ganó a los enemigos políticos con favores. Cuando expiró su mandato en 1880, se mantuvo fiel a su dictado de no reelección, pero se aseguró de que la presidencia recayera en su amigo, Manuel González Flores.

Aunque Díaz dimitió, permaneció cerca del centro del poder, primero como gobernador de Oaxaca y después como presidente del Tribunal Supremo, segundo en la línea de sucesión del presidente. Posiblemente con la aprobación de Díaz y tal vez incitado por él, González empezó a hacer movimientos audaces. Vendió grandes extensiones de tierra «deshabitada» a empresas extranjeras y a grandes terratenientes mexicanos, a pesar de que en esas tierras vivía un gran número de amerindios. Las explotaciones ferroviarias y mineras, en gran parte en los estados del norte, fueron vendidas a intereses estadounidenses. Esto podría haber sido un cumplimiento de las promesas que Díaz había hecho mientras ganaba apoyo en Texas.

Lo que causó el mayor revuelo en México no fue necesariamente la venta de tierras y recursos mexicanos, sino el hecho de que la administración de González hiciera tal desastre con estas ventas que el tesoro se quedó sin fondos. Díaz no recibió ninguna crítica, pero González fue duramente castigado. Además, durante este periodo, los soldados estadounidenses hicieron varias incursiones en México para cazar bandidos sin permiso del gobierno mexicano. Estos cruces fronterizos quedaron grabados en la memoria mexicana. Todos los niños en edad escolar podían nombrarlos, mientras que la mayoría en Estados Unidos ni siquiera sabía siquiera qué habían ocurrido.

Cuando llegó 1884, muchos presionaban a Díaz para que regresara a la presidencia, y así lo hizo. La vieja consigna de «no reelección» fue aparentemente olvidada en favor de la estabilidad. Comenzó así un periodo conocido como Porfiriato, en el que Díaz dirigiría el país como dictador durante los siguientes veintiséis años y medio. Díaz no dirigió con una filosofía de gobierno en particular. Era un gobernante pragmático que valoraba el orden y la obediencia por encima de todo.

Sin embargo, algunos intelectuales trataron de definir el periodo en términos políticos. Estos científicos, u «hombres de ciencia», promovieron una política científica positivista que buscaba modernizar México. Este grupo incluía al escritor e historiador Justo Sierra Méndez y al secretario de Hacienda José Yves Limantour. El objetivo de estos hombres y del presidente era un gobierno estable y fiable por encima de todo. Los que estaban en el poder sabían que México necesitaba un gobierno estable para progresar en el siglo XX, y sacrificaron sus ideales republicanos y democráticos con este fin. Las elecciones habían sido a menudo asuntos turbios en la historia de México, y Díaz trató de acabar con ello. Las elecciones no estaban amañadas durante el Porfiriato, sino que el candidato ganador se seleccionaba de antemano y solía ser elegido a dedo por Díaz. Así fue como Díaz ganó todas las elecciones desde 1884 hasta 1910.

Para revitalizar la economía mexicana, Díaz continuó la tradición de la Ley Lerdo y siguió vendiendo tierras nacionales a promotores inmobiliarios. El gobierno adoptó un plan en el que los topógrafos ferroviarios, casi todos con sede en Estados Unidos, ganarían un tercio de la tierra que cartografiaran. Los mexicanos ricos también se beneficiaron de estas leyes e hicieron enormes acaparamientos de tierras. En 1910, el 2% de la población del país poseía el 98% de la tierra. Tres grandes ferrocarriles pudieron llegar de Estados Unidos a México.

El principal objetivo de los inversores extranjeros y nacionales era hacerse con los derechos sobre los ricos minerales del Valle de México. Ya en 1550, todos los minerales del subsuelo pertenecían a la Corona española. Después de la guerra de Independencia, esta distinción no estaba tan clara. En 1884, el gobierno de Díaz introdujo un nuevo código minero que establecía claramente que los derechos mineros pertenecían a los inversores propietarios de la tierra. En 1876, solo había cuarenta concesiones mineras. En 1910, este número había alcanzado las 13.000. Mientras que los españoles solo se habían interesado por la plata, estas nuevas explotaciones buscaban plomo, zinc y el mineral crucial de la era eléctrica: el cobre. Encontraron todos estos en abundancia, y pronto, las mayores corporaciones de México fueron empresas mineras, normalmente con propietarios estadounidenses.

Pero la minería creó ciudades mineras insalubres, con gente viviendo en condiciones miserables. Las minas se gestionaban con severidad, y las antaño valiosas habilidades de los mineros dejaron de ser necesarias en la era de la minería a cielo abierto.

Aun así, en el norte, los ferrocarriles y las minas crearon estados en auge como Chihuahua. Allí, la familia Terraza gobernaba un pequeño feudo, propietario de siete millones de acres de tierra y medio millón de cabezas de ganado. El patriarca, don Luis, bromeaba: «No soy de Chihuahua, soy dueño de Chihuahua».

Se desarrolló una cultura única en el norte, donde pueblos nativos como los yaquis, los mayos y los tarahumaras aún conservaban sus tradiciones y su forma de vida. Bajo el gobierno de Díaz, los pueblos nativos de México sufrieron mucho y perdieron sus tierras a manos de los constructores. Las barreras lingüísticas mantuvieron a estos pueblos aislados de la sociedad y entre sí. Solo dos grupos mantuvieron cierta autonomía: los yaquis de Sonora y los diversos mayas de Yucatán.

Los habitantes del norte no eran abiertamente religiosos, pero respetaban la autosuficiencia, la equitación y la habilidad para manejar un arma. Al mismo tiempo, empezaron a entrar en la región inmigrantes chinos y japoneses, expulsados de sus tierras por la densidad de población y los problemas económicos o, en el caso de muchos, por huir de Estados Unidos y sus nuevas leyes antiinmigración.

Se construyeron presas y los ríos que antes se habían secado pudieron utilizarse para regar vastos campos de algodón en lugares como Coahuila. Las haciendas comerciales, en las que se cultivaba azúcar o fibra de henequén utilizada para el cordel, crecieron hasta consumir pueblos enteros. Unos pocos se hicieron inmensamente ricos, mientras la mayoría luchaba contra los altos precios, el aumento del valor de la propiedad (que significaba la pérdida de tierras) y el declive de las libertades personales. Entonces, se encontró petróleo cerca de Tampico, un yacimiento solo superado por los de Estados Unidos.

En el siglo XX, la maquinaria política de Díaz continuó. El poder real acabó cayendo en manos de los administradores elegidos a dedo por los gobernadores: los jefes políticos. Hacia 1910, los jefes ejercían un poder considerable sobre los distritos designados. Rendían cuentas a los gobernadores, que a su vez informaban a la Ciudad de México. Pero sus informes eran siempre relatos ficticios de lo que creían que Díaz quería oír. Los disidentes eran a menudo deportados o simplemente fusilados sin juicio previo.

La Iglesia católica presentaba un problema mayor. Díaz mantuvo en los libros las leyes anticlericales y liberales, pero optó por no aplicarlas en la mayoría de los casos. Las escuelas religiosas estaban permitidas, al igual que las procesiones, pero si un sacerdote se convertía en un alborotador, se trataba con él rápidamente.

Para la élite, este nuevo México era asombroso. Los hombres jóvenes, que antes habrían elegido entre el seminario o el ejército, fueron a las universidades en gran número. Las mujeres jóvenes podían casarse legalmente con quien quisieran y no necesitaban el permiso de sus padres. La Ciudad de México bullía de líneas telegráficas, postes telefónicos, cines y gramófonos. Los pensadores mexicanos tenían ahora acceso a una gama más amplia de escritores. Ninguno les gustaba más que Auguste Comte, cuyo positivismo justificaba la transición de su país, de un lugar gobernado por la religión y la superstición a una era científica fundada en la razón y la observación.

Sin embargo, estos cambios tuvieron un precio. El Porfiriato benefició a unos pocos a costa de aumentar el sufrimiento de muchos. Los inversores extranjeros poseían enormes extensiones de tierra mexicana y el resto estaba en manos de una minoría de un solo dígito. Los trabajadores sin tierra eran el sector de la población que más crecía. La violencia desenfrenada de las primeras generaciones había sido sustituida por una represión sistemática. El gobierno de Díaz era claramente consciente del peligro que suponía la invasión de los inversores extranjeros. Aun así, en 1910, Díaz parecía estar en la cima de su poder y muchos pensaban que México estaba lejos de cualquier signo de revolución. Andrew Carnegie se jactó de que Díaz era «uno de los más grandes gobernantes del mundo» tras un viaje a México. Carnegie añadió: «La idea de una revolución en México es ahora imposible».

En 1909, el presidente William Howard Taft se convirtió en el primer presidente estadounidense que visitó México durante su mandato. Fue una gran oportunidad para que Díaz mostrara su México y se fotografiara codo con codo con el líder de la nación americana más poderosa. Taft estaba allí para comprobar la estabilidad de una nación que, en muchos sentidos, era propiedad de un gran número de inversores estadounidenses. Sin embargo, incluso mientras Taft y Díaz permanecían juntos ante las cámaras, aparecían grietas en el Porfiriato. Aunque muchos no se daban cuenta, y muchos más pasarían años intentando comprenderlo, la Revolución mexicana estaba a punto de despertar.

Capítulo 10: ¡Revolución!

El siglo XX fue testigo de muchas revoluciones. Todas compartían un argumento similar: elementos radicales que derrocaban a un poder envejecido. Estos cambios se produjeron en Rusia, China, Cuba, Nicaragua y muchos otros países, pero el primero fue México. El debate continúa sobre lo que condujo finalmente a la revolución. Ciertamente, había un descontento creciente por el nuevo reparto de la tierra y una necesidad imperiosa de reforma agraria. Esto era especialmente llamativo en estados como Morelos y Chihuahua, donde las familias adineradas se apropiaban de la tierra para enriquecerse. En Morelos, los beneficios del azúcar hicieron que los plantadores se apoderaran agresivamente de las propiedades de los pueblos. Esto incitaría una insurgencia dirigida por un hombre llamado Emiliano Zapata.

Sin embargo, no fue solo la confiscación de tierras lo que llevó a la revolución. En 1910, el presidente Díaz se enfrentaba de nuevo a una reelección a sus ochenta años. Muchos opinaban que Díaz debería haber elegido a un sucesor hacía tiempo. Díaz, de hecho, había indicado que se retiraría, pero cambió de opinión y decidió presentarse de nuevo en 1910. Díaz permitió que el moderado, pero de tendencia izquierdista, Francisco Madero se presentara contra él. Madero pretendía ser un candidato de consolación, pero se suponía que nunca iba a ganar.

Las elecciones tuvieron lugar en junio y julio. Madero había reunido un importante apoyo público, pero cuando se anunciaron los resultados, Díaz había ganado por séptima vez. Si Díaz pensó que Madero aceptaría estos resultados plácidamente, no debió de estar prestando mucha atención. Madero, hijo de una familia adinerada de Coahuila, había sido el principal opositor a la reelección de Díaz. Madero incluso había escrito un libro, *La sucesión presidencial de 1910*, que rápidamente se convirtió en un éxito de ventas. Madero fue aclamado como «el apóstol de la Democracia» porque argumentaba que, aunque Díaz había traído la paz y la estabilidad a México, había sido a costa de la libertad. Para eludir la resistencia de Madero, Díaz hizo arrestar y encarcelar a su oponente. Sin embargo, la familia de Madero convenció a sus carceleros para que le permitieran recorrer San Luis Potosí a caballo. Así pudo escapar fácilmente. Madero salió de México de contrabando y se estableció en San Antonio, Texas. Desde allí emitió el Plan de San Luis Potosí, que llamaba a una rebelión armada contra el presidente Díaz.

Emiliano Zapata Salazar, nacido en Anenecuilco, en el estado de Morelos, en 1879, tenía 31 años y ya era presidente del consejo de su pueblo cuando Madero lanzó su plan. Zapata se unió a la causa de Madero junto con Pascual Orozco y Francisco «Pancho» Villa. Zapata desconfiaba de Madero, pero se alió con él por las promesas de reforma agraria de Madero. Zapata dirigió entonces un ejército contra los federales en la batalla de Cuautla. Tras seis días, salió victorioso. Orozco dirigió un ejército en Chihuahua, donde obtuvo varias victorias contra las fuerzas leales y ayudó a derrocar a la poderosa familia Creel-Terrazas. Pancho Villa, un bandido que vivía en Durango, se unió a Madero para ampliar su actividad.

En contra de los deseos de Madero, Orozco y Villa tomaron Ciudad Juárez en mayo de 1911. No mucho después de esto, Díaz pidió la paz. El resultado fue el Tratado de Ciudad Juárez, que obligó a Díaz a renunciar definitivamente a la presidencia. El presidente interino sería Francisco León de la Barra, ex embajador en Estados Unidos. El 31 de mayo, Díaz abandonaba el país para no volver jamás. Mientras se marchaba, el que una vez había sido la persona más poderosa de México dijo a los periodistas: «Madero ha desatado un tigre; veamos si puede controlarlo».

De hecho, Madero había pedido a los revolucionarios que depusieran las armas, pero Zapata se negó a cumplirlo. En noviembre, Madero fue elegido oficialmente a la presidencia. Conservó el ejército federal, manteniendo a muchos de los generales que habían servido a Porfirio Díaz antes que él. Los esfuerzos de Madero en materia de reforma agraria parecieron demasiado escasos y tardíos para muchos de los revolucionarios que le habían apoyado. Zapata declaró que la democracia de Madero no se diferenciaba de la tiranía de Díaz.

El general Victoriano Huerta había luchado por Díaz y luego prometió lealtad a Madero. Ahora el nuevo presidente le ordenaba sofocar las continuas revueltas. Mientras tanto, Zapata redactó el Plan de Ayala, que denunciaba a Madero y se convertiría en el documento clave para los que apoyaban a Zapata, conocidos como los zapatistas. El plan calificaba a Madero de traidor y nombraba a Pascual Orozco como líder de la revolución.

Orozco había llegado a oponerse a Madero después de que el nuevo presidente se fijara en él para puestos clave del gobierno y también por los deslucidos intentos de Madero de llevar a cabo una reforma agraria. Aun así, Orozco esperó hasta la primavera de 1912 para anunciar su intención de sublevarse contra Madero. Financiaría su guerra de su propio bolsillo y del ganado confiscado vendido en Texas a cambio de armas y municiones. Pronto derrotó a un ejército federal enviado contra él. Viendo el peligro de esta nueva resistencia, Madero envió al general Huerta para detener a Orozco. El envejecido general derrotó a los rebeldes en tres batallas consecutivas y capturó Ciudad Juárez. Orozco fue finalmente herido y huyó a Estados Unidos.

Mientras tanto, Zapata luchaba en el sur con las fuerzas federales e intentaba tomar el control político de la rebelión en Morelos. Al final lo consiguió, y los lugareños reunieron recursos para darle a Zapata 10.000 pesos para que continuara su lucha.

Pancho Villa, a diferencia de sus compañeros revolucionarios, había permanecido aliado a Madero y luchó en el bando federalista contra los rebeldes. Finalmente, se reunió con el general Huerta, quien nombró a Villa general de brigada. Villa no se dejó comprar tan fácilmente, por lo que Huerta intentó desacreditarlo, alegando que había robado un caballo de premio. Villa golpeó al general, quien exigió que Villa fuera fusilado por insubordinación. Villa estaba a punto de ser ejecutado cuando una orden de Madero lo salvó. Villa fue llevado entonces a la prisión de Belem, en Ciudad de México. En la prisión, Villa fue instruido en la lectura y la escritura, y fue informado del Plan de Ayala de Zapata. Escapó el día de Navidad de 1912 y logró entrar a Estados Unidos.

Huerta conspiraba ahora para derrocar a Madero, junto con el sobrino de Porfirio Díaz, Félix Díaz, el general Bernardo Reyes, el general Madragón y el embajador de Estados Unidos, Henry Lane Wilson.

En febrero de 1913, tuvo lugar un golpe de Estado conocido por los mexicanos como la «Decena Trágica», entre el 9 al 19 del mismo mes. Los combates comenzaron en Ciudad de México, donde un grupo de cadetes militares y unos pocos soldados fueron dirigidos por el general Madragón para forzar la liberación de Félix Díaz y Bernardo Reyes de la cárcel. Un asalto al palacio presidencial obligó a Madero a trasladarse a Cuernavaca, en el estado de Morelos. Madero nombró a Huerta jefe del Ejército capitalino, sin saber que Huerta se había aliado con Díaz y Reyes. Sin embargo, Huerta aún no había mostrado sus cartas y varios días de bombardeos sacudieron la ciudad de México, matando a soldados y civiles.

Entonces, en una ráfaga de intercambios entre los conspiradores, el embajador Wilson y los informes al presidente estadounidense Taft, se acordó que Madero dimitiera y Huerta se convirtiera en presidente interino. Después de que Madero firmara los papeles, se preparó para partir al exilio, pero fue detenido por las fuerzas de Huerta. Este se convirtió en presidente el 20 de febrero de 1913. Madero y el vicepresidente José María Pino Suárez fueron trasladados en coche a la prisión de Lecumberri, donde fueron fusilados sin contemplaciones. Los combates habían cesado, pero la ciudad de México estaba sembrada de cadáveres que fueron quemados porque no hubo tiempo suficiente para enterrarlos a todos.

Aunque Díaz y sus partidarios esperaban que Huerta fuera solo un presidente temporal, pronto se enteraron de que el general tenía planes propios. Huerta se acercó a Pascual Orozco para ganarse su apoyo. Orozco, que poco antes había estado luchando contra Huerta en el campo de batalla, expuso sus demandas, a las que Huerta accedió rápidamente. Orozco dio su apoyo a Huerta el 27 de febrero. Huerta también intentó ganarse el apoyo de Zapata, pero el jefe de las fuerzas en Morelos se negó a desertar en favor de un general federalista. Zapata pronto revisó el Plan de Ayala y se nombró a sí mismo jefe de la revolución.

Pancho Villa había regresado a México y, al encontrar en el poder al hombre que había intentado matarlo, rápidamente unió fuerzas con otros revolucionarios en oposición a Huerta. Entre ellos se encontraba Venustiano Carranza, el gobernador de Coahuila que había redactado el

Plan de Guadalupe, que denunciaba a Huerta y pedía la reinstauración del gobierno constitucional por un Ejército constitucional.

Huerta quería restaurar en México el «orden» del Porfiriato, pero carecía de la matizada astucia política que había mantenido a Díaz en el poder. Más proclive a ejecutar a los críticos que a ponerlos de su lado, el régimen de Huerta fue uno de creciente militarización. Hizo un llamamiento para que más y más tropas se unieran al Ejército federal, recurriendo a la conscripción forzosa (*leva*). Indígenas, delincuentes, indigentes y hombres que simplemente salían de trabajar al final del día fueron acorralados y añadidos a la lista de un ejército que, sobre el papel, era de un cuarto de millón de hombres. Sin embargo, las tácticas de reclutamiento de Huerta no infundieron lealtad, y los soldados desertaron continuamente al Ejército constitucional en lugar de luchar por Huerta.

El presidente estadounidense Woodrow Wilson consideró que Huerta había ido demasiado lejos y se negó a reconocer al nuevo gobierno mexicano. Huerta utilizó esto como combustible para aumentar el tamaño de su ejército, alegando una inminente invasión estadounidense. Cuando los mexicanos de clase media se alistaron, se sintieron decepcionados al saber que lucharían contra otros mexicanos y no contra estadounidenses.

Sin embargo, viendo que la situación era desesperada, Wilson ordenó ocupar el puerto de Veracruz, en lo que se conoció como el asunto de Tampico, en abril de 1914. El embajador Henry Lane Wilson fue llamado a filas y el presidente Wilson envió a su representante, John Lind, para informarle de los acontecimientos en México.

Álvaro Obregón, político nacido en Sonora, se unió ahora a la revolución contra Huerta. Demostraría ser un soldado nato y un excelente organizador. Ante la proximidad de las elecciones, Huerta ordenó al ejército que rodeara el edificio de la legislatura e hizo arrestar a cualquier diputado que pudiera oponerse a él. El Congreso fue así clausurado, y las elecciones que siguieron fueron una farsa.

En 1914, Zapata tomó las ciudades de Chilpancingo, Acapulco, Iguala y Buenavista de Cuéllar. A continuación se dirigió hacia la capital. Al mismo tiempo, Pancho Villa obtuvo varias victorias contra el Ejército Federal, con la Ciudad de México ante él indefensa. Obregón se desplazó desde Sonora y derrotó a las fuerzas federales, incluso atacando cañoneras con un avión. Huerta, al ver que su posición se deterioraba, dimitió en julio de 1914. Huyó de Ciudad de México a Estados Unidos, donde fue arrestado y murió en cautiverio.

General Victoriano Huerta[7]

Tras la dimisión de Huerta, el Ejército federal simplemente dejó de funcionar. Las diversas facciones revolucionarias se dieron cuenta de la necesidad de reunirse y determinar el futuro de México. Villa y otros idearon el Pacto de Torreón, una modificación del Plan de Guadalupe de Carranza. El pacto afirmaba a Carranza como jefe del Ejército constitucional y pedía la rendición del Ejército federal. Sin embargo, el pacto era radical en su lenguaje, y Carranza se esforzó por disminuir el poder de los elementos más radicales del Ejército constitucional. Los generales revolucionarios se reunieron en octubre de 1914 en Aguascalientes, y Carranza se enfrentó a una dura oposición. Carranza aceptó dimitir si sus dos oponentes, Pancho Villa y Emiliano Zapata, también dimitían y se exiliaban. Nada de esto tuvo lugar, y la convención decidió que el general Eulalio Gutiérrez ocupara la presidencia durante veinte días.

Villa y Zapata se aliaron contra Carranza y Obregón, tomando la Ciudad de México cuando las fuerzas de Carranza la evacuaron. Después de esto, sin embargo, Zapata regresó a Morelos mientras Villa se dispuso a derrotar al Ejército constitucional. Estados Unidos favoreció a Carranza, pues consideraba que Villa y Zapata eran demasiado radicales. Salieron de Veracruz para que los constitucionalistas pudieran tomar el puerto y recibir suministros y municiones. Cuando Villa se enfrentó a las fuerzas de Obregón en la batalla de Celaya, los constitucionalistas salieron victoriosos y Villa se vio obligado a huir hacia el norte.

De 1915 a 1920, Carranza se convirtió en el jefe del gobierno constitucional. Para contrarrestar a sus oponentes radicales, emitió adiciones a su Plan de Guadalupe que exigían una reforma judicial, laboral y agraria. Se convirtió en el presidente constitucional de 1917 a 1920. Mientras tanto, Zapata fue un problema en el sur hasta su asesinato por orden de Carranza en 1919. Villa fue un problema en el norte. Allí, Villa provocó a EE. UU. al asaltar un asentamiento estadounidense en Nuevo México. Además, Félix Díaz había regresado y estaba causando problemas en Veracruz con un ejército que había reunido allí.

En el escenario mundial, había estallado la Primera Guerra Mundial y Carranza decidió permanecer neutral, aunque jugueteó con la idea de alinearse con Alemania, lo que dio lugar al famoso «telegrama Zimmerman» utilizado para que Estados Unidos entrara en la guerra.

Carranza decidió prudentemente no presentarse a la reelección en 1920, pero no apoyó al general Obregón como se esperaba porque creía que México debía tener un presidente civil. Obregón se opuso entonces a Carranza y obligó al presidente a abandonar la Ciudad de México. Carranza partió hacia Veracruz, pero fue traicionado y asesinado el 21 de mayo de 1920.

Se inició así un periodo de consolidación en el país que duró aproximadamente los siguientes veinte años. Álvaro Obregón ocupó la presidencia durante cuatro años; después también fue asesinado. Le sucedió Plutarco Elías Calles, que también ejerció el cargo durante cuatro años. Posteriormente, vino un periodo conocido como Maximato, en el que Calles siguió ejerciendo el poder sin ocupar la presidencia. Esto duró hasta 1934 con la elección de Lázaro Cárdenas. En esta época, el mandato presidencial se amplió a seis años, pero pasó a ser ilegal presentarse al cargo más de una vez. Cárdenas ocupó el cargo hasta 1940, cuando había estallado la Segunda Guerra Mundial y la situación de México estaba a punto de mejorar.

Capítulo 11: El milagro mexicano y la evolución de posguerra

Presidente Manuel Ávila Camacho[8]

El presidente Plutarco Elías Calles fundó el Partido Nacional Revolucionario (PNR) en 1929. Como Calles no podía volver a presentarse debido a la Constitución de 1917, presentó a un candidato relativamente desconocido, Pascual Ortiz Rubio. El PNR llevó a cabo varias formas de fraude electoral para dar a Rubio la victoria por goleada. Abelardo Rodríguez, el siguiente candidato presentado por el PNR de Calles, también ganó en unas elecciones amañadas y actuó como subordinado de Calles.

Después vino el presidente Cárdenas, que tomó su propio camino a pesar de que Calles lo había elegido a dedo. Parte de ello fue cambiar el nombre del PNR por el de Partido de la Revolución Mexicana (PRM). Cárdenas imaginó un sistema de partido que uniera a la clase trabajadora en una forma de socialismo, pero esto nunca se llevó a cabo. Sin embargo, se mantuvo la separación del partido en sectores. Había cuatro sectores: obrero, campesino, «popular» (maestros y funcionarios) y militar. Esto no incluía al sector empresarial privado ni a los vinculados a la Iglesia católica. Estos dos grupos de interés se unirían en el Partido de Acción Nacional (PAN), un importante partido de la oposición. Este método de corporativismo se asocia a menudo con el Partido Nazi en Alemania, que surgió por la misma época. Sin embargo, Cárdenas se oponía firmemente al fascismo. Eligió a su sucesor, Ávila Camacho, que volvió a ganar gracias a unas elecciones fraudulentas y violentas.

Camacho se había unido al ejército revolucionario en 1914 y era coronel en 1920. Había luchado a las órdenes de Cárdenas en la Rebelión de Escobar de 1929. En la década de 1930, entró en la vida política y se convirtió en secretario de Defensa Nacional en 1937. A diferencia de algunos de sus predecesores, Camacho era abiertamente católico, y las luchas entre la Iglesia y el gobierno terminaron en gran medida durante su mandato. En 1943, Camacho creó el Instituto Mexicano del Seguro Social para beneficiar a la clase trabajadora. Promovió programas de alfabetización y de reforma agraria e instituyó la congelación de rentas para ayudar a los mexicanos con bajos ingresos. A pesar de haber sido elegido fraudulentamente, Camacho promovió una reforma electoral para desalentar la creación de partidos de extrema derecha y extrema izquierda. En 1946, volvió a cambiar el nombre del PRM por el de Partido de la Revolución Institucional (PRI).

Camacho incrementó la industrialización de México y se puso del lado de los Aliados en la Segunda Guerra Mundial. Las materias primas mexicanas fueron a parar a EE. UU. para ayudar al esfuerzo bélico. La industria creció un 10% anual de 1940 a 1945. Su administración invitó a la Fundación Rockefeller a aportar nueva tecnología que aumentó enormemente el rendimiento de las cosechas del país. Al declarar la guerra a las potencias del Eje, Camacho alivió años de tensiones entre

Estados Unidos y México.

Las únicas tropas mexicanas que participaron en la Segunda Guerra Mundial fueron las del Escuadrón de Caza 201, cuyos pilotos recibieron el apodo de «Águilas Aztecas». El escuadrón voló en 96 misiones de combate y colaboró en los bombardeos de Luzón y Formosa contra los japoneses. De sus 300 hombres, el escuadrón solo perdió a seis pilotos, que se estrellaron o fueron derribados.

México también proporcionó 300.000 trabajadores para sustituir a los alistados en Estados Unidos bajo lo que se conoció como el Programa Bracero. Este acuerdo se amplió con el Acuerdo de Trabajo Migrante de 1951, manteniendo el programa en vigor hasta 1964. Se permitieron trabajadores agrícolas temporales a través de los visados H-2 y después H-2A, según la Ley de Reforma y Control de la Inmigración de 1986. En total, el Programa Bracero proporcionó cinco millones de trabajadores a EE. UU. Aun así, México prohibió a los trabajadores ir a ciertos estados, como Texas, por los malos tratos y linchamientos que sufrían allí los trabajadores mexicanos.

Bajo el mandato de Camacho, México también inició relaciones diplomáticas con el Reino Unido y la Unión Soviética. Al terminar su mandato, Camacho se retiró a su granja. Aunque distaban mucho de ser perfectos, Camacho y Cárdenas figurarían entre los presidentes mexicanos más queridos del siglo XX.

El PRI se convirtió en el partido mayoritario de México, y el único camino a la presidencia era a través de la estructura del partido. Miguel Alemán Valdés fue presidente de 1946 a 1952. Había sido secretario de Gobernación con Camacho y había sido una estrella ascendente en el PRI durante muchos años. Fue elegido por Camacho para ser su sucesor. Sin embargo, Alemán no tenía formación militar, algo que había ocurrido con todos los presidentes de la era moderna. Esto resultó no ser un inconveniente. Las elecciones de 1946 transcurrieron sin violencia y hubo una transición pacífica del poder. El inicio de su mandato hasta 1970 ha sido llamado el «milagro mexicano» por el crecimiento y la rápida industrialización que experimentó el país. Apoyó el gasto en infraestructuras y la disminución del gasto militar. Se construyeron y mejoraron presas, desvíos de ríos, carreteras y ferrocarriles. Se construyó un nuevo campus para la Universidad Nacional. Aun así, la corrupción y el amiguismo proliferaron durante su mandato.

El PRI dominó la política mexicana hasta el punto de que a menudo se consideraba al gobierno como una organización de partido único. De 1929 a 1982, el PRI ganó sistemáticamente las elecciones presidenciales por más del 70%, casi siempre debido al fraude electoral. Con la ayuda de los asesores del partido, el presidente en ejercicio elegía a su sucesor en un procedimiento conocido como el «dedazo». Sin embargo, el dominio del PRI no era solo a nivel presidencial, sino a todos los niveles en todo el gobierno. Durante su periodo de dominio, ocupó todos los escaños del Senado y una abrumadora mayoría en la Cámara de Diputados.

La participación electoral era baja y la única oposición real a la que se enfrentaba el PRI era la del conservador Partido de Acción Nacional, que a veces conseguía la mayoría de los votos. Sin embargo, el PRI utilizaría su control del gobierno local para amañar los votos a su favor. El PRI controlaba a los sindicatos y a los agricultores, y contaba con el respaldo de los intelectuales debido a su apoyo a las universidades y a las artes.

Debido a las políticas introducidas en la década de 1930, México estaba esencialmente cerrado a la inversión extranjera, por lo que la mayoría de las empresas mexicanas dependían de los grandes contratos gubernamentales. Esto dio lugar a la urbanización y a programas masivos de asistencia social para beneficiar a los pobres. La inflación se mantuvo baja durante este periodo y la economía era estable. Debido a esta estabilidad, la mayoría de los mexicanos no se opusieron a la falta de democracia, por lo que el país se mantuvo libre de inestabilidad interna. La población creció, especialmente en el norte, donde Monterrey se convirtió en la segunda ciudad más grande del país.

El presidente Alemán expresó su deseo de presentarse a un segundo mandato, pero los dirigentes del partido lo disuadieron de ello. En su lugar, eligió como sucesor a Adolfo Ruiz Cortines, anterior secretario de Gobernación y gobernador de Veracruz. Ruiz había luchado en el Ejército constitucional y se había opuesto a Huerta y apoyado a Carranza en la revolución. Una de las primeras acciones de Ruiz, cuando asumió el cargo en 1952, fue presentar una enmienda a la constitución que otorgara a las mujeres el derecho al voto. Esta fue finalmente aprobada. Bajo su administración aumentaron las infraestructuras, se redujeron los gastos y se erradicó la malaria del país. Su congelación de los contratos gubernamentales supuso un duro golpe para los empresarios, que se vieron obligados a despedir a muchos de sus trabajadores. Sin embargo, cambió su enfoque y comenzó a gastar de nuevo en proyectos gubernamentales. Mientras Ruiz fue presidente, el milagro mexicano continuó y experimentó poca oposición. Como sucesor, eligió al relativamente desconocido Adolfo López Mateos.

Mateos, como los dos presidentes que le precedieron, favorecía la industrialización y miraba al capitalismo por encima de las necesidades del sector laboral. Sin embargo, necesitaba que las organizaciones sindicales cooperaran para continuar con las políticas del milagro mexicano. Los sindicatos estaban empezando a sentirse incómodos con su posición dentro de la jerarquía gubernamental. Los sindicatos estaban organizados principalmente dentro del PRI en la Confederación de Trabajadores de México (CTM), dirigida por Fidel Velázquez Sánchez. Velázquez había ayudado a fundar la CTM en 1936 y forzó a su líder, Vicente Lombardo Toledano («el decano del marxismo mexicano»), a abandonar el poder y la organización. Velázquez era un líder de mano dura, y la organización se volvió más corrupta y conservadora con el paso del tiempo. Algunos de los que llevaban más tiempo en el PRI fueron llamados burlonamente «dinosaurios», y Velázquez sobreviviría a todos ellos. Aun así, no pudo hacer nada contra la creciente inquietud de los trabajadores. Estos reclamaban salarios más altos y mejores condiciones laborales.

En 1958, los sindicatos militantes de trabajadores ferroviarios comenzaron a declararse en huelga. El secretario de Gobernación de Mateos, Gustavo Díaz Ordaz, respondió arrestando a los líderes sindicales. Sin embargo, Mateos también actualizó la constitución para ofrecer ciertas garantías a los trabajadores siempre que se afiliaran al sindicato federal de trabajadores. El salario mínimo alcanzó su máximo histórico durante su presidencia. Inauguró varios museos e impulsó reformas sanitarias y agrarias. Mateos también puso en marcha un programa de libros de texto gratuitos y clases para adultos para reducir el analfabetismo. Eligió como sucesor a Gustavo Díaz Ordaz.

Gustavo Díaz Ordaz gobernó de 1964 a 1970. Fue autoritario en su forma de gobernar. Bajo su presidencia se produjeron continuos disturbios, con numerosas protestas y huelgas. Un sindicato de médicos se declaró en huelga a principios de su mandato, y su respuesta fue utilizar la fuerza para poner fin a las protestas.

El estilo autoritario de Ordaz quizá se vea mejor en un incidente ocurrido el 2 de octubre de 1968. Un grupo de estudiantes se había organizado para oponerse públicamente al PRI en la Universidad Nacional Autónoma de México y en el Instituto Politécnico Nacional de Ciudad de México. Las protestas se hicieron cada vez más grandes durante el verano de 1968. Los estudiantes se oponían especialmente a los Juegos Olímpicos Mundiales de 1968, que iban a celebrarse en Ciudad de México. El 2 de octubre, unos 10.000 estudiantes universitarios y de secundaria se reunieron en la plaza de las Tres Culturas para escuchar discursos. Coreaban: «¡No queremos Olimpiadas, queremos la revolución!». Los residentes locales, incluidos los niños, empezaron a reunirse para observar. Unos 5.000 soldados, dos helicópteros y varias tanquetas llegaron al lugar. Se dispararon bengalas al suelo, lo que se cree que fue una señal para que los soldados —en particular el Batallón Olimpia, formado por soldados, policías y agentes federales— empezaran a disparar contra la multitud. Había francotiradores apostados en los tejados y nidos de ametralladoras en los edificios que rodeaban la plaza. Los soldados dispararon indiscriminadamente, matando a manifestantes y curiosos por igual, incluidos niños.

Esto se conocería como la masacre de Tlatelolco, y los detalles del incidente no se conocerían por completo hasta 2001. El número de muertos, que en un principio se informó que rondaba las veintiocho personas, en realidad estuvo más cerca de las 400. El Batallón Olimpia parece haber sido el más decisivo en los asesinatos y posteriores detenciones de manifestantes, curiosos y transeúntes, que fueron recluidos en prisiones improvisadas alrededor de la plaza.

Díaz Ordaz eligió a Luis Echeverría como su sucesor. Echeverría ocupó el cargo de 1970 a 1976. Como ex secretario de Gobernación, estuvo entre los responsables de la matanza de Tlatelolco. Sin embargo, como presidente, ignoró cualquier acusación relacionada con el incidente. Liberó a los que seguían en prisión por las protestas de 1968, lo que se consideró un esfuerzo por distanciarse del suceso. Echeverría instituyó la reforma política y económica, nacionalizó las explotaciones mineras y redistribuyó la tierra en las regiones de Sinaloa y Sonora. Aumentó el gasto en subsidios alimentarios, educación, sanidad y vivienda. Bajo el mandato de Echeverría, el número de personas cubiertas por la seguridad social casi se duplicó.

Al final del mandato de Echeverría, el milagro mexicano empezó a desmoronarse. La deuda federal con otros países había aumentado de 6.000 a 20.000 millones de dólares. Aun así, la economía mexicana creció durante el mandato de Echeverría. Eligió para sucederle a José López Portillo, amigo íntimo del presidente y su ministro de Hacienda.

A pesar de algunos cambios en la ley electoral, López Portillo se presentó sin oposición debido a las luchas internas del Partido de Acción Nacional. Ocuparía el cargo de 1976 a 1982. Su solución a la profunda crisis económica de México fue obtener ingresos de las nuevas reservas de petróleo descubiertas en Veracruz y Tabasco a través de la empresa petrolera pública Pemex. México también se unió a Venezuela en el Pacto de San José, un acuerdo para vender petróleo a precios preferenciales a los países de América Latina y el Caribe. Gracias a los esfuerzos de López Portillo, México recibió un breve respiro de las dificultades económicas, pero esto no duró más allá del mandato de López Portillo. Asimismo, López Portillo nacionalizó el sistema bancario del país.

Hubo informes de corrupción en el gobierno y también se hizo evidente que López Portillo no rehuía el nepotismo. Contrató a su hermana para dirigir la Dirección General de Radio, Televisión y Cinematografía. Su primo fue contratado para ser el primer y único titular del recién creado Instituto Nacional del Deporte, y su hijo se convirtió en subsecretario de Programación y Presupuesto.

López Portillo sigue siendo uno de los presidentes más impopulares de México. Eligió como sucesor a Miguel de la Madrid.

Capítulo 12: De la crisis a la contemporaneidad: El México moderno

La década de 1980 ha sido denominada «la década perdida» en muchos países latinoamericanos. Ello se debió a una serie de factores económicos, pero sobre todo a la caída del valor de las materias primas, en particular del petróleo, a finales de los años setenta. La recesión no solo se vivió en México, sino en casi todos los países de América Central y del Sur. La década se caracterizó por una elevada inflación, enormes e impagables deudas externas y desempleo.

Miguel de la Madrid, originario de Colima, México, podría haber parecido un buen candidato para hacer frente a esta crisis. Tenía experiencia trabajando para el Banco de México. También había trabajado para Pemex y fue secretario de Presupuesto y Planeación antes de llegar a la presidencia. Las elecciones de 1982 tuvieron una participación masiva, a diferencia de las anteriores, y De la Madrid, que no se enfrentó a un oponente fuerte, ganó por un amplio margen. Aun así, poco pudo hacer ante semejante crisis económica. Sus intentos de remediar la situación incluyeron el recorte de gastos, la reorganización de la burocracia, reformas fiscales y la protección del empleo. Pero estas acciones hicieron poco por solucionar los problemas a los que se enfrentaba México. El país experimentó un crecimiento económico negativo durante todo su mandato de seis años.

El presidente de la Madrid era un líder centrado en el mercado e introdujo ideas neoliberales en el gobierno, como la privatización de empresas estatales y el fomento de la inversión extranjera. Aunque afirmó que el país necesitaba más democracia, se mostró hostil hacia la creciente influencia de los partidos políticos distintos del PRI.

Fue durante su presidencia cuando el Partido de Acción Nacional (PAN) comenzó a ganar una importante popularidad, especialmente en el norte de México. El PAN se había fundado en parte por el deseo de oponerse a la educación impuesta por el Estado. Este concepto de libertad educativa había seducido a la organización jesuita Unión Nacional de Estudiantes Católicos (UNEC), fundada en 1931, a asociarse con el político Manuel Gómez Morín para promover una ideología más conservadora que la propugnada por el PRI. Morín fundó el PAN en 1939. El partido había existido a la sombra del PRI durante varias décadas, pero durante la década perdida llegó a ser visto como una alternativa razonable a la corrupción y los errores del PRI. En particular, el PAN estaba a favor de la democracia y del Estado de derecho, lo que contrastaba con las décadas anteriores bajo el PRI.

En 1983, el PAN ganó varias elecciones en el estado de Chihuahua. Los funcionarios del PRI alegaron que los votantes habían sido influidos por la Iglesia católica y por intereses extranjeros. En 1989, el candidato del PAN, Ernesto Ruffo Appel, ganó la gobernación de Baja California. Fue el primer gobernador estatal no afiliado al PRI desde 1929. Para entonces, la presidencia había pasado a manos de Carlos Salinas de Gortari.

El padre de Carlos Salinas de Gortari había formado parte del gabinete del presidente Mateos, pero fue descartado para la presidencia en favor de Gustavo Díaz Ordaz. Salinas era estudiante en la Universidad Nacional Autónoma de México cuando ocurrió la matanza de Tlatelolco en 1968. El futuro presidente se afilió y militó en el PRI desde muy joven. Asistió a la Universidad de Harvard y acabó graduándose en la Harvard Kennedy School. En 1982, se convirtió en ministro de Planificación y Presupuesto del presidente De la Madrid, cuando solo tenía 34 años. Su principal rival en el gabinete era el ministro de Hacienda, Jesús Silva-Herzog, a quien Salinas buscó todas las oportunidades para deshonrar. Formó una alianza con el ministro del Interior, que finalmente condujo a la dimisión de Silva-Herzog.

En las elecciones de 1988, el PRI se enfrentó por primera vez a una oposición seria. A la izquierda estaba el Frente Democrático Nacional, que postulaba a Cuauhtémoc Cárdenas (hijo del anterior presidente Lázaro Cárdenas), y a la derecha estaba el PAN, que llevaba como candidato a Manuel Clouthier, un empresario acomodado.

Carlos Salinas de Gortari ganó las elecciones, pero no sin dudas sobre la legitimidad de su victoria. El ministro del Interior, que supervisó el proceso electoral, había instalado nuevas computadoras de votación que se estropearon misteriosamente durante la elección. Cuando se restablecieron, la votación resultó favorable a Salinas. Los mexicanos siguen utilizando la frase «se cayó el sistema» para denotar el fraude electoral.

Cuando Salinas asumió el cargo, nombró a muchos de los «dinosaurios» del PRI en su gabinete y continuó las reformas neoliberales de su predecesor. Privatizó la Compañía Telefónica Mexicana (Telmex) y los bancos que antes estaban bajo el control del gobierno. Sin embargo, también rescató carreteras de peaje y bancos durante su mandato. El presidente logró disminuir la inflación y estabilizar la moneda. También instituyó un programa de asistencia social directa para ayudar a los pobres del país, que no se alineaba con el neoliberalismo. Sin embargo, este programa carecía de supervisión y no se dirigía a los estados más pobres. En cambio, se centró en los estados que habían sido los más disputados durante las elecciones. Esto convenció a los críticos de que los motivos de Salinas eran puramente políticos.

En 1994, el Ejército Zapatista de Liberación Nacional (EZLN), que lleva el nombre del héroe revolucionario Emiliano Zapata, llevó a cabo un levantamiento en el estado de Chiapas. Se había creado en gran parte en oposición a la enmienda de Salinas a la constitución, que quitaba protecciones a la tierra nacional. Los zapatistas eran indígenas que se habían organizado. El primer día del año atacaron simultáneamente ayuntamientos y otros edificios cívicos. Llevaban pasamontañas y, una vez dentro de los edificios, se atrincheraron utilizando mobiliario de oficina. En la ciudad de San Cristóbal de las Casas, los zapatistas liberaron a 240 presos indígenas de la cárcel y destruyeron registros de tierras. Lucharon contra la policía y las fuerzas gubernamentales en muchas de las ciudades que atacaron. Finalmente, los rebeldes fueron expulsados de las ciudades por el Ejército mexicano y se internaron en la Selva Lacandona. Los simpatizantes zapatistas utilizaron Internet para difundir los acontecimientos, mientras el gobierno mexicano intentaba suprimir las noticias sobre la rebelión en la radio y la televisión. Se acordó un alto el fuego, pero tras una reunión en febrero, el EZLN rechazó las propuestas del gobierno. La paz no se alcanzó plenamente hasta 1996. El acuerdo no fue especialmente beneficioso para el EZLN, pero el levantamiento ha sido citado como una influencia en la posterior democratización de México.

Salinas eligió a Luis Donaldo Colosio Murrieta como su sucesor en el PRI. Durante la campaña de 1994, Colosio pronunció un controvertido discurso que hacía eco de muchos de los puntos de discusión del EZLN. Se cree que este discurso provocó una ruptura entre Salinas y Colosio. El 23 de marzo de 1994, Colosio recibió un disparo en la cabeza en un mitin de campaña. Murió pocas horas después. El tirador fue identificado como Mario Aburto Martínez, que confesó y dijo que había actuado solo. Aburto fue declarado culpable y condenado a 42 años de prisión. Aun así, muchos críticos señalaron que la investigación pareció apresurada y que gran parte se hizo confidencial. Muchos afirman que Salinas y el miembro del gabinete Manuel Camacho Solís estaban detrás del asesinato. En lugar de Colosio, el PRI propuso a Ernesto Zedillo como candidato presidencial. Había sido secretario de Educación y dirigía la campaña de Colosio en el momento de su muerte. Aunque Zedillo ganó las elecciones, solo obtuvo el 48,69% de los votos.

Zedillo heredó uno de los peores climas económicos de la historia de México. Pese a ello, siguió abordando la crisis con la actitud neoliberal de sus predecesores. Muchos pensaron que sería simplemente un presidente títere controlado por Salinas. Para demostrar su independencia, hizo que detuvieran al hermano mayor de Salinas, Raúl Salinas de Gortari, por su implicación en el asesinato del secretario general del PRI, José Francisco Ruiz Massieu. Para validar las investigaciones sobre los diversos asesinatos ocurridos, Zedillo nombró procurador general a Antonio Lozano Gracia, del opositor Partido Acción Nacional.

Aunque Salinas había ayudado a finalizar el programa, el Tratado de Libre Comercio de América del Norte (TLCAN) se ensayó por primera vez bajo el mandato de Zedillo. Durante una fuerte devaluación del peso en 1994, Estados Unidos concedió un préstamo multimillonario para ayudar a estabilizar la economía mexicana. Zedillo continuó privatizando empresas estatales como el sistema ferroviario. El índice de aprobación de Zedillo fue especialmente bajo durante los primeros años de su mandato, pero mejoró constantemente con el alivio de los problemas económicos. También fue visto con buenos ojos para la transición pacífica del poder al siguiente presidente en el año 2000.

Ese presidente fue Vicente Fox. Por primera vez en 71 años, el nuevo dirigente de México no era del PRI, sino el candidato de una alianza entre el PAN y el Partido Verde Ecologista de México (PVEM) llamada «Alianza por el Cambio». Fox había obtenido el 42,5% del voto popular, y la alianza también ganó 46 de los 128 escaños del Senado ese mismo año.

Vicente Fox, anteriormente ejecutivo de Coca-Cola y más tarde gobernador de Guanajuato, persiguió los mismos objetivos neoliberales que sus predecesores a pesar de las diferencias partidistas. Durante su mandato, Fox pareció a veces servil a Estados Unidos, en particular al presidente George W. Bush. Los diversos pasos en falso y escándalos de Fox hicieron que se lo considerara un «cero a la izquierda», pero hubo periodos en los que disfrutó de altos índices de aprobación.

Fox fue sucedido por Felipe de Jesús Calderón, también del PAN y anteriormente secretario de Energía. Calderón ganó por un estrecho margen sobre el candidato del Partido de la Revolución Democrática (PRD), Andrés Manuel López Obrador. El PRD impugnó los resultados y pidió un recuento completo, pero la victoria de Calderón fue confirmada por el Tribunal Federal Electoral.

Una de las primeras acciones de Calderón fue declarar la guerra a los cárteles mexicanos de la droga en lo que se conocería como la «guerra contra el narcotráfico en México». Dos años después, participaban 45.000 soldados. El éxito de esta guerra es objeto de acalorados debates. Al final del mandato de Calderón, su administración afirmaba que solo se habían producido 50.000 homicidios relacionados con el narcotráfico en el país, mientras que otros grupos situaban la cifra más cerca de los 120.000.

El presidente que ocupó el cargo después de Calderón, Enrique Peña Nieto (EPN), intentó desescalar la guerra y centrarse en detener la violencia del narcotráfico sin detener ni matar a los líderes de los cárteles. Peña Nieto era del PRI y obtuvo una ajustada victoria frente a López Obrador y el PRD, que concurrieron a las urnas, pero no lograron el cambio. El paso de EPN por la presidencia se ha considerado en gran medida perjudicial para el PRI y para México. Un secuestro masivo en 2014 y la fuga del capo de la droga «El Chapo» empañaron la reputación del presidente. Los problemas económicos derivados de la caída de los precios del petróleo y la presunta conexión con fondos ilegales de campaña han hecho que se lo considere uno de los presidentes menos populares de México.

Después de Peña Nieto, la presidencia recayó finalmente en López Obrador, que tan ajustadamente había perdido las dos elecciones anteriores. Obrador llegó al poder en 2018 tras obtener una victoria aplastante. Es un populista progresista de centro-izquierda que ha trabajado para mejorar las condiciones de la clase trabajadora y hacer retroceder las medidas neoliberales de sus predecesores. Sin embargo, sus críticos han afirmado que no respondió adecuadamente a la pandemia del COVID-19 y que no ha tenido éxito a la hora de hacer frente a los cárteles de la droga de México. Es el líder de un nuevo partido político: Movimiento de Regeneración Nacional, o MORENA. Obrador ha prometido llevar a cabo una cruzada anticorrupción, pero no ha estado a la altura de las expectativas internacionales. Se lo ha acusado de hacer teatro con poca sustancia. Sin embargo, ha llamado la atención por su trabajo en el Tren Maya, una línea ferroviaria interurbana que conecta lugares de la región de Yucatán.

Cuarta parte:
Una visión temática

Capítulo 13: Batallas y acontecimientos legendarios

La batalla del Puente de Calderón (1811)

Era enero de 1811 y las fuerzas revolucionarias habían fracasado en su intento de tomar la Ciudad de México y se habían retirado hacia Guadalajara. El número total de soldados bajo el mando de Miguel Hidalgo, Ignacio Allende, Juan Aldama y Mariano Abasolo ascendía a unos 100.000, pero estaban mal equipados y en gran parte sin entrenamiento. En el puente de Calderón, que cruzaba el río Calderón, tomaron una posición defensiva y esperaron la llegada de las fuerzas españolas. Este ejército realista estaba bajo el mando de Félix María Calleja del Rey, quien se convertiría en virrey de Nueva España en 1813. Las fuerzas de Calleja, que no superaban los 8.000 hombres con diez cañones, llegaron al puente el 16 de enero. Al iniciarse la batalla, la artillería realista alcanzó un carro de municiones entre los revolucionarios. La explosión resultante hizo que los rebeldes se dispersaran y dio la victoria al ejército monárquico, mucho más pequeño y mejor entrenado. Esta derrota condujo directamente a la captura y eventual muerte de Hidalgo, demostrando a los insurgentes que necesitaban mejor entrenamiento y armas si querían derrotar a los hábiles ejércitos de Nueva España.

El asesinato de Emiliano Zapata (1919)

El rebelde Emiliano Zapata dijo una vez: «Hombres del sur, es mejor morir de pie que vivir de rodillas». Cuando la revolución parecía acabada y Carranza había tomado el poder, Zapata continuó su lucha en Morelos. Sabía que Carranza era un moderado y que no redistribuiría la tierra ni eliminaría a los inversores extranjeros que Zapata consideraba que estaban arruinando el país. Carranza no impediría que las plantaciones de azúcar se extendieran por Morelos y provocaran que cada vez más campesinos perdieran sus tierras y sus medios de vida. Zapata vio esto y supo que tenía que seguir luchando.

El general Pablo González había sido enviado por Carranza para capturar a Zapata, pero, aunque el general arrasó el estado de Morelos, no pudo capturar al rebelde. Así que González recurrió a la traición. Zapata recibió un mensaje de un hombre llamado Jesús Guajardo, coronel del ejército de González, diciendo que quería desertar y unirse a la rebelión de Zapata. El rebelde sospechó, pero cuando Guajardo capturó a algunas tropas de González y las hizo fusilar, Zapata se tomó la afirmación más en serio. Se concertó una reunión en una hacienda de San Juan Chinameca. Cuando Zapata llegó, fue recibido por una floritura de trompetas, seguida poco después por una lluvia de disparos. Zapata murió en el acto. Su cuerpo fue recogido y llevado a Cuautla, donde fue arrojado a la calle.

La batalla de Puebla (1862)

Durante la segunda intervención francesa en mayo de 1862, las fuerzas francesas al mando de Charles de Lorencez intentaron asaltar los fuertes de Loreto y Guadalupe, situados en lo alto de unas colinas que dominaban la ciudad de Puebla. Entre los comandantes mexicanos se encontraban Ignacio Zaragoza y Porfirio Díaz. Las tropas francesas utilizaban armamento avanzado que superaba a los anticuados mosquetes y cañones de los mexicanos. Sin embargo, los franceses habían subestimado las fortificaciones a las que se enfrentaban y la habilidad de los comandantes mexicanos. Tras un día entero intentando tomar los fuertes con numerosas bajas, los franceses se vieron obligados a retirarse. El segundo día, los franceses intentaron rodear los fuertes, pero fueron derrotados en cada enfrentamiento y se vieron obligados a retirarse al atardecer. El día de la victoria fue el 5 de mayo, recordado en Puebla como «el día de la Batalla de Puebla». Llegaría a Estados Unidos como el «Cinco de Mayo», una celebración de la herencia mexicana. Aunque la batalla no fue un punto de inflexión en la guerra, fue una victoria inspiradora para el pueblo mexicano.

El sitio de Guanajuato (1810)

Cuando el cura Miguel Hidalgo lanzó su «Grito de Dolores», se encontró al frente de una turba cada vez más numerosa de mexicanos descontentos y hartos del dominio español. A medida que la turba recorría las ciudades, su número aumentaba. Finalmente, llegaron a la ciudad de Guanajuato, en la región también conocida con el mismo nombre. Las fuerzas realistas de allí estaban preparadas para enfrentarse a los mexicanos desafectos y se fortificaron en un gran granero de la ciudad. Dentro había criollos y españoles ricos, soldados leales y el intendente de la ciudad, Juan Antonio Riaño y Bárcena. Los campesinos del pueblo se unieron a la turba de Hidalgo. Durante cinco horas, la turba sitió la fortaleza del granero. Cuatrocientos defensores murieron, entre ellos Riaño, que fue fusilado. El granero fue superado por fuerzas abrumadoras. Algunos de los que estaban dentro del granero quisieron rendirse, mientras que algunos de los soldados siguieron luchando. Una vez que las fuerzas revolucionarias rompieron el cerco, mataron a los que seguían dentro. El asedio también ha sido llamado la Toma de la Alhóndiga de Granaditas. Fue la primera victoria de la incipiente revolución y aumentó la confianza del pueblo mexicano.

El ataque de Pancho Villa a Estados Unidos (1916)

En 1915, Estados Unidos reconoció a Venustiano Carranza como jefe legítimo del gobierno mexicano. Esto supuso una bofetada al rival de Carranza, Francisco «Pancho» Villa. Estados Unidos suministró además transporte ferroviario para que los soldados de Carranza atacaran a Villa en la batalla de Agua Prieta, donde las fuerzas de Villa fueron derrotadas. Villa respondió atacando a ciudadanos estadounidenses en México y apoderándose de sus propiedades.

En marzo de 1916, Villa y un pequeño ejército cruzaron la frontera y atacaron Columbus, Nuevo México, incluido el puesto avanzado del ejército, Camp Furlong. Las fuerzas de Villa mataron a ocho soldados y diez civiles en el asalto y se hicieron con municiones, ametralladoras y otros suministros. Incendiaron el pueblo y robaron todos los caballos y mulas. Sin embargo, los hombres de Villa sufrieron importantes bajas, incluyendo 77 muertos.

Esto provocó una respuesta inmediata por parte de EE. UU. El general de división John Pershing fue puesto al mando de una fuerza expedicionaria a la que se ordenó cruzar a México en persecución de Villa. En total, Pershing contaba con una fuerza de unos 10.000

hombres, compuesta en su mayor parte por caballería y artillería a caballo. Pershing también utilizó el 1.ᵉʳ Escuadrón Aéreo para misiones de reconocimiento aéreo. Sin embargo, Villa llevaba seis días de ventaja y su banda se disolvió y se escondió en las montañas del norte de México. Algunos enfrentamientos se saldaron con más de cien partidarios de Villa muertos. Las fuerzas de Pershing sufrieron un total de 65 muertes durante toda la expedición. Los estadounidenses no fueron capaces de capturar o matar a Villa. Finalmente, tuvieron que abandonar la operación cuando Carranza amenazó con empezar a atacar las líneas de suministro de la expedición y obligarlos a salir de México.

Capítulo 14: Cifras clave

Expresidente Cárdenas[9]

Cuauhtémoc Cárdenas

Nacido en 1934 en Ciudad de México, Cuauhtémoc Cárdenas era hijo del expresidente Lázaro Cárdenas y llevaba el nombre del último emperador azteca. Después de que su padre dejara el cargo, trabajó con el Cárdenas mayor para llevar al PRI más a la izquierda políticamente. Finalmente, fue expulsado del PRI por su retórica contra la privatización. En 1988, se enfrentó al candidato centrista del PRI, Carlos Salinas, apoyado por una coalición de pequeños partidos de izquierda autodenominados Frente Democrático Nacional. Esta fue la elección en la que «se cayó el sistema» y Salinas fue coronado vencedor. Al año siguiente, impertérrito, Cárdenas formó el Partido de la Revolución Democrática (PRD) y fue nombrado primer presidente del partido. En 1994, se postuló de nuevo para la presidencia y quedó en tercer lugar detrás de los candidatos del PRI y del PAN. En 1997, fue elegido jefe de Gobierno del Distrito Federal, un puesto intermedio entre el alcalde de la Ciudad de México y el gobernador del estado. Volvió a presentarse como candidato a la presidencia en 2000, quedando de nuevo en tercer lugar. Ya no se postuló para la presidencia, pero en 2018, su aliado y candidato del PRD, Andrés Manuel López Obrador, ganó las elecciones. En 2014, sorprendió a muchos al abandonar el PRD, lo que provocó especulaciones sobre dificultades entre partidos.

Padre Miguel Hidalgo[10]

Don Miguel Hidalgo y Costilla

Nacido el 8 de mayo de 1753, Hidalgo fue un sacerdote católico y revolucionario que ha sido llamado el «George Washington de México» y el «Padre de la Patria». Hijo de un padre criollo propietario de una hacienda, Hidalgo se trasladó a los quince años a la ciudad de Valladolid, donde pasó la mayor parte de su vida (En la actualidad, se la conoce más comúnmente como Morelia). Estudió con los jesuitas, pero cuando estos fueron expulsados, se fue a la Universidad Michoacana de San Nicolás. Hoy, la escuela añade «de Hidalgo» a su nombre. Destacó en la escuela y se ganó el apodo de «El Zorro» por su inteligencia. Leía obras de la Ilustración prohibidas por la Iglesia católica.

En 1778, a los veinticinco años, Hidalgo fue ordenado sacerdote, una de las pocas profesiones disponibles para los hombres de clase media. Se convirtió en profesor de gramática, artes y teología en el colegio en el que se había graduado. Con el tiempo fue expulsado del colegio por sus revisados métodos de enseñanza y fue enviado a ser sacerdote en Colima y San Felipe Torres Mochas. En 1803 fue enviado a Dolores, en Guanajuato. La parroquia estaba formada principalmente por indígenas que luchaban por sobrevivir. Les enseñó oficios útiles e intentó mejorar sus vidas.

Allí poseía tres haciendas y mantenía relaciones con mujeres. Desafiaba claramente las opiniones tradicionales de lo que debía ser un sacerdote y había llegado a oponerse al control español de México. Fue llevado ante el Tribunal de la Inquisición, pero no lo declararon culpable.

Por aquel entonces se estaba gestando una conspiración en la ciudad de Querétaro, en la que estaba implicado Ignacio José de Allende, un capitán del ejército español partidario de la independencia. En una de estas reuniones, Hidalgo conoció a Allende y a otro capitán, Juan Aldama. Los tres se convertirían en figuras importantes de la guerra de Independencia. Sin embargo, fue Hidalgo quien echó los dados al lanzar el Grito de Dolores el 16 de septiembre de 1810 e inició la guerra de Independencia de México. Al terminar, México sería por fin libre del yugo español, pero Hidalgo no viviría lo suficiente para ver su sueño hecho realidad. El 30 de julio de 1811 fue capturado y condenado a muerte por fusilamiento. Su cabeza fue expuesta para advertir a otros revolucionarios. Tenía 58 años.

Santa Anna

Antonio López de Santa Anna[11]

El nombre completo de Santa Anna era Antonio de Padua María Severino López de Santa Anna y Pérez de Lebrón. Como se ha detallado en capítulos anteriores, quizá ninguna otra figura de la historia mexicana haya sido expulsada solo para volver más veces que Santa Anna. Fue presidente once veces diferentes a lo largo del siglo XIX, una época que a menudo se conoce como la «era de Santa Anna». Luchó en la guerra de Independencia, participó en la caída del Primer Imperio, ayudó a establecer la Constitución de 1835, creó la República Centralista, luchó contra los tejanos en la Revolución de Texas, dirigió las tropas en la guerra de los Pasteles, ayudó a crear la Constitución de 1843 y luchó contra los estadounidenses en la guerra mexicano-estadounidense.

Durante tres décadas, Santa Anna dominó el mundo político y militar de México. Cambió de partido en múltiples ocasiones, puso a gente en el poder solo para derrocarla y fue exiliado de su país en varias ocasiones. Fue un incansable autopromotor, llamándose a sí mismo el «Napoleón de occidente». Era una figura de una gran importancia. Tuvo victorias gloriosas, como cuando los españoles intentaron retomar México y Santa Anna los derrotó con una fuerza inferior. También tuvo derrotas terribles, como las muchas que sufrió a manos de las fuerzas de Estados Unidos en la guerra mexicano-estadounidense.

Los estadounidenses quizá lo conozcan mejor como el carnicero de El Álamo, pero su historia es infinitamente más compleja y está hilvanada en el tejido mismo del camino de México desde la independencia de España hasta la revolución de principios del siglo XX.

Victoriano Huerta

Victoriano Huerta[12]

Como hemos descubierto, Victoriano Huerta es una figura intrigante. Sus padres eran ambos huicholes, o wixárika, un pueblo indígena que vive tanto en México como en Estados Unidos. Se decidió por la carrera militar a una edad temprana y se convirtió en el secretario personal del general Donato Guerra en 1869, no mucho después del final de la segunda intervención francesa. Con la ayuda de Guerra, asistió a la Academia Militar Nacional de México, graduándose en 1877. Trabajó como ingeniero, pero con el tiempo cayó bajo el patrocinio del general González, amigo íntimo de Porfirio Díaz y finalmente trigésimo quinto presidente de México.

Con el tiempo, Huerta fue puesto al mando de unidades de combate y se distinguió por ello. Era conocido por asegurarse de que se pagaba a sus hombres, a veces por medios extralegales. (Fue acusado de robar en una iglesia para conseguir plata con la que pagar a sus hombres y de vaciar un banco a punta de pistola por el mismo motivo). El héroe de Huerta, como Santa Anna, era Napoleón. Se ganó una reputación de despiadado, negándose a menudo a tomar prisioneros y matando a los cautivos.

En 1901, Huerta fue nombrado general y pronto ascendió a general de brigada. A pesar de las apariencias, Huerta había desarrollado un fuerte problema con la bebida y su salud estaba en declive. En 1907, se retiró del ejército. Huerta enseñaba matemáticas cuando estalló la revolución en 1910. Salió de su retiro para intentar aplastar a Zapata en Morelos en nombre del nuevo gobierno de Madero. Se convirtió en el general de mayor confianza de Madero e intentó sin éxito que ejecutaran a su rival, Pancho Villa. Las fuerzas de Huerta derrotaron a las de Pascal Orozco en 1912 y se convirtió en un héroe militar nacional.

Viendo la oportunidad de un mayor poder, Huerta unió fuerzas con gente del gobierno que quería derrocar a Madero. Huerta se convirtió en presidente, pero finalmente dimitió tras ser derrotado por Villa y otros en 1914. Se exilió en Estados Unidos y planeó regresar a México para derrocar de nuevo al gobierno. Sin embargo, fue descubierto por agentes estadounidenses y encarcelado, donde murió. La causa de la muerte se dio como natural, pero muchos sospechan que fue envenenado.

Nuño Beltrán de Guzmán

Nuño de Guzmán nació en 1485 en España en el seno de una familia noble. Sirvió durante un tiempo como guardaespaldas real de Carlos V de España. En 1525 fue nombrado gobernador de una región de la costa del golfo en el noreste de México, un territorio llamado Pánuco. Viajó a México y asumió su cargo en 1527. Su nombramiento fue un desafío directo a Hernán Cortés, que ya había extendido su alcance hasta Pánuco.

Cortés y sus partidarios se opusieron a Guzmán, pero este contaba con el respaldo del Consejo de Indias, la Corona española y muchos colonos españoles que se sentían bloqueados por Cortés y sus socios, que parecían estar apropiándose de todas las tierras. El gobernador Guzmán trató con dureza a las facciones a favor de Cortés y a los nativos de su territorio. En 1529, Nuño Beltrán de Guzmán fue nombrado presidente de la Primera Audiencia, un órgano de gobierno destinado a frenar la expansión del poder individual en México. Con Cortés en España, defendiendo sus acciones, Guzmán se convirtió en el jefe de la Nueva España.

Al año siguiente, Cortés regresó a México y Guzmán dimitió para convertirse en gobernador de Nueva Galicia. El nombre de este territorio se cambió por el de «Reino de Nueva Galicia», y Guzmán continuó con su cruel trato a los pueblos indígenas y a cualquiera que se le opusiera, ganándose una reputación de gobernante depravado. Finalmente, fue arrestado en 1536 y regresó a España, donde fue liberado y se convirtió de nuevo en guardaespaldas real. Allí murió en 1561.

Capítulo 15: La cuestión estadounidense

Estados Unidos y México comparten un pasado complicado. Originalmente hogar de culturas de pueblos indígenas, ambos se convirtieron en sede de colonias europeas. Primero, España estableció Nueva España en lo que se convertiría en México. Estados Unidos albergó colonias inglesas, francesas, holandesas y españolas que luchaban entre sí por la supremacía. La población nativa se enfrentó a la enfermedad, la esclavitud y la opresión en ambas zonas. Nueva España era sin duda la colonia más rica y poderosa, y la ciudad de México era la más grande de las ciudades norteamericanas, eclipsando a Boston, Nueva York y Nueva Orleans.

Cuando los colonos expulsaron a los británicos y formaron Estados Unidos a finales del siglo XVIII, buscaron en la Nueva España parte de su inspiración. Por ejemplo, llamaron a su moneda «dólares» a la manera española. A su vez, es muy probable que el pueblo de México se inspirara para deshacerse de los españoles tras el éxito de la Revolución estadounidense.

En las primeras décadas del siglo XIX, Estados Unidos creció exponencialmente arrebatando tierras a los pueblos nativos y comprando el Territorio de Luisiana en 1803. México, tras la guerra de la Independencia, se debatió entre guerras civiles e inestabilidad. Mientras que México había sido una vez la potencia dominante en Norteamérica, Estados Unidos ascendió en prominencia mundial. La balanza se inclinó finalmente en la guerra mexicano-estadounidense. Tras la separación de Texas de México y el deseo de los estadounidenses de hacerse con el control del territorio occidental, los norteamericanos invadieron a su vecino del sur para asegurarse California, Texas, Arizona, Nuevo México y partes de Colorado, Utah y Nevada. Con su victoria, los estadounidenses se aseguraron su lugar como nueva gran potencia en las Américas.

Estados Unidos salió de su propia guerra civil más industrializado y como una potencia mayor que antes, mientras que México se quedó atrás en la Revolución Industrial. Los estadounidenses se aprovecharon de la situación y empezaron a comprar tierras mexicanas y a llevar empresas estadounidenses a México para acaparar mercados. Los mexicanos empezaron a ver a los estadounidenses como codiciosos inversores extranjeros que les arrebataban su soberanía y su riqueza. A finales del siglo XIX, el pueblo mexicano había desarrollado una sincera desconfianza y aversión hacia Estados Unidos.

Los estadounidenses, por su parte, utilizaron su posición para dictar el panorama político de México en su beneficio. El reconocimiento de los gobiernos mexicanos se convirtió en una poderosa herramienta que permitió a EE. UU. moldear quién ganaba el poder en México. Por ejemplo, aunque las potencias europeas occidentales habían reconocido al presidente Huerta como presidente legítimo, la negativa del presidente estadounidense Woodrow Wilson a reconocer a Huerta ayudó al Ejército constitucional a forzar su salida del poder. La ayuda de EE. UU. al presidente Carranza alimentó los ataques de Pancho Villa en suelo estadounidense, lo que condujo a la expedición no aprobada de EE. UU. a México. Este desprecio por la soberanía de México siguió aumentando la antipatía de los estadounidenses.

Las cosas siguieron así hasta la década de 1940 y la Segunda Guerra Mundial, cuando México y Estados Unidos se convirtieron en aliados con un objetivo común. Las diferencias del pasado se olvidaron rápidamente y los pilotos mexicanos se entrenaban en Texas, mientras que los trabajadores mexicanos ocupaban el lugar de los estadounidenses que luchaban en el extranjero. La buena economía de la que disfrutó México en los años de la posguerra, el «milagro mexicano», contribuyó a que los gobiernos de México y Estados Unidos se mantuvieran en buenos términos.

El racismo seguía desempeñando un papel importante en el trato a los inmigrantes mexicanos que cruzaban la frontera con Estados Unidos, pero en aquella época no se consideraba un problema especial. Sin embargo, una vez superado el milagro mexicano, las cosas se agriaron rápidamente, sobre todo en la frontera que comparten los dos países. Los principales problemas desde el punto de vista estadounidense pasaron a ser el tráfico ilícito de drogas y el número de inmigrantes ilegales que cruzaban la frontera. Desde la perspectiva mexicana, la cuestión era la implicación estadounidense en la guerra contra las drogas, que fue una operación estadounidense llevada a cabo con la aprobación del gobierno mexicano durante un tiempo. Además, los presidentes neoliberales del PRI estaban vendiendo grandes extensiones de tierra a compradores, entre ellos muchos inversores estadounidenses. Este dinero externo preocupó a algunos ciudadanos mexicanos porque representaba la extralimitación del poder estadounidense. Una vez más, Estados Unidos parecía despreciar la soberanía mexicana y tratar a México como si no tuviera importancia.

Estados Unidos ha creado la Patrulla Fronteriza para hacer frente a la posible inmigración ilegal, especialmente centrada en quienes introducen drogas de contrabando en el país. El número de encuentros que tiene la Patrulla Fronteriza en un año determinado fluctúa. Las cifras más altas se registraron en 1986, 2000 y 2021, mientras que el menor número de encuentros se observó en los años anteriores a 1980 y entre 2005 y 2010. Estas cifras pueden ser engañosas porque muchos encuentros son con delincuentes reincidentes. Por ejemplo, en 2021, la Patrulla Fronteriza informó de 1.659.206 encuentros, pero el número de individuos encontrados fue mucho menor. Esto se debe en parte a la política de la Patrulla Fronteriza, que en ocasiones exige que cada individuo sea detenido y sometido al sistema de justicia penal, pero en otras devuelve a las personas a México. Es famosa la propuesta del presidente estadounidense Donald Trump de construir un muro a lo largo de la frontera para detener la inmigración ilegal, pero no pudo completarla en su mandato.

Curiosamente, los ciudadanos mexicanos solo representan alrededor del 37% de las personas encontradas por la Patrulla Fronteriza. El resto procede de muchos otros países, como Honduras, El Salvador, Cuba y Brasil.

En 2019, el presidente mexicano López Obrador declaró que la guerra contra el narcotráfico había terminado, y su administración se centró en el gasto público y en dirigir los servicios militares a combatir las redes de robo de gasolina en el país. Sin embargo, los cárteles de la droga han continuado con su violencia en todo el país.

La decisión de Obrador sigue siendo muy controvertida. El Departamento de Estado estadounidense afirma que el 90% de la cocaína (en su mayor parte fabricada en Colombia) de Estados Unidos llega a través de la frontera mexicana. Se sabe que los cárteles mexicanos también pasan de contrabando metanfetaminas asiáticas a través de la frontera. Una gran parte de la heroína en Estados Unidos llega a través de la misma frontera. Los cárteles mexicanos cultivan marihuana por valor de miles de millones de dólares en parques y bosques, tanto federales como estatales de EE. UU.

Una disminución de la oferta de droga en México se traduce en un aumento proporcional de la violencia del narcotráfico dentro del país. Sin embargo, el consumo de drogas en México es menor per cápita que en Estados Unidos. Aunque muchos en EE. UU. creen que la solución al problema de las drogas es detener el contrabando a través de la frontera, muchos otros han señalado que el contrabando está impulsado por el hecho de que EE. UU. es el mayor consumidor de drogas ilícitas del mundo. Si esa demanda disminuyera, lo más probable es que el tráfico de drogas a través de la frontera sur siguiera el mismo camino.

Capítulo 16: Cultura pop y estereotipos

Estados Unidos ha sido durante mucho tiempo el proveedor de medios de comunicación de masas y cultura pop de gran parte del resto del mundo, y los mexicanos han sufrido a menudo por ello. Algunos estadounidenses no tienen en cuenta que antes de que los estadounidenses vivieran en estados como Texas y California, estos lugares eran el hogar de mexicanos, indígenas y personas que eran una combinación de ambos. Cuando esas zonas se anexionaron a Estados Unidos, estas personas y sus descendientes se quedaron. Esto significa que algunos de los primeros mexicano-estadounidenses no eran realmente inmigrantes, sino que vivían en tierras que una vez fueron de México. Sin embargo, a los mexicano-estadounidenses, o nacionales de México, se los presenta a menudo como inmigrantes, legales e ilegales, que carecen de educación y realizan trabajos serviles o son delincuentes u objetos sexuales. Se agrupa a los mexicanos con todos los latinos, y los detalles de su historia y cultura suelen perderse en la mente de los guionistas estadounidenses de cine y televisión. A menudo se muestra a los mexicanos como personas que no hablan inglés, a pesar de que muchos mexicanos pueden hablarlo bien. Por lo general se los ha retratado como vagos y sucios.

Sin embargo, los medios de comunicación de masas han creado a veces personajes favorables, aunque quizá sin saberlo. Los *Looney Tunes* de Warner Bros., por ejemplo, presentaron una vez al personaje

Speedy Gonzales, que llevaba un sombrero de gran tamaño y hablaba con un exagerado acento mexicano. A menudo se lo veía burlando a Silvestre el Gato y gritando «¡Arriba! ¡Ándale!». Speedy era el «ratón más rápido de México» y era conocido por su rapidez mental, mientras que su primo Lento Rodríguez era el «ratón más lento de México». En 1999, Cartoon Network, que había comprado los derechos de los dibujos animados, optó por no emitir más los dibujos de Speedy por su uso de «estereotipos étnicos». Sin embargo, Speedy volvió a emitirse en 2002 tras ser declarado icono por la Liga de Ciudadanos Latinoamericanos. Muchas personas en América Latina recuerdan con cariño al personaje por su velocidad y su rápido ingenio.

No obstante, los estereotipos negativos se perpetúan con regularidad. El expresidente estadounidense Donald Trump ha hecho declaraciones que dan a entender que los mexicanos son traficantes de drogas, delincuentes y violadores. La criada mexicano-estadounidense que apenas sabe hablar inglés y trabaja para una familia blanca (y casi con toda seguridad es una indocumentada) es un personaje recurrente habitual en muchos medios de comunicación de masas. Cuando Hollywood decidió hacer una película biográfica de Emiliano Zapata en 1952, Marlon Brando fue elegido para el papel de Zapata y se maquilló de marrón para parecerse a él. Danny Trejo, un actor mexicano-estadounidense, casi siempre es elegido no como protagonista, sino como un feroz criminal. En casi todas las películas o series de televisión, México aparece como un desierto sin vida, mientras que el país real abarca desde hermosas costas y volcanes inactivos cubiertos de nieve hasta llanuras barridas por el viento y selvas rebosantes de vida. ¿Por qué la cultura pop estadounidense parece pasar por alto tanto de México y solo se centra en unas pocas partes y en unas pocas personas?

No se trata de pasar por alto el hecho de que México tiene su propia cultura pop. De hecho, desde 1936 hasta bien entrada la década de 1950, México vivió una «época dorada» cinematográfica. Mientras otros países estaban más centrados en la Segunda Guerra Mundial y la mayoría de las películas realizadas en Hollywood eran bélicas, los estudios cinematográficos mexicanos produjeron películas clásicas. Algunos ejemplos son *Allá en el Rancho Grande*, un drama romántico dirigido por Fernando de Fuentes, *Flor silvestre*, película de 1943 protagonizada por una de las mayores estrellas de la época, Dolores del Río; y *María Candelaria*, película que ganó la Palma de Oro en Cannes en 1946. La industria cinematográfica mexicana produjo una amplia gama de películas, incluyendo comedias, películas de terror y películas de cine negro como *Gánster contra vaqueros* (1948).

En las artes visuales, los artistas mexicanos son quizá más conocidos como muralistas. Diego Rivera (1886- 1957) fue un pintor de murales muy conocido en Ciudad de México y Cuernavaca, así como en San Francisco, Detroit y Nueva York, en Estados Unidos. Rivera estaba casado con una de las pintoras mexicanas más conocidas, Frida Kahlo, conocida por sus numerosos autorretratos. Kahlo formó parte del movimiento posrevolucionario Mexicáyotl, que pretendía revivir la religión y la filosofía antiguas entre el pueblo mexicano. Mexicáyotl fue especialmente conocido en la década de 1950 y dio origen a la Iglesia nativa mexicana. Frida Kahlo se ha convertido en un icono de la cultura pop con películas biográficas de Hollywood y cameos en películas de animación de Disney. Sus característicos autorretratos, que toman un estilo de retrato tradicional europeo y lo infunden con colores latinoamericanos, animales y elementos surrealistas, se han convertido en algunas de las obras de arte más codiciadas del mundo. Su arte ha llegado a ser tan preciado para el pueblo mexicano que ahora es ilegal exportar su obra fuera del país.

En cuanto a la escritura, México se ha convertido en uno de los países hispanohablantes preeminentes tanto en volumen como en reconocimiento. En la era moderna, el poeta mexicano Octavio Paz fue galardonado con el Premio Nobel de Literatura en 1990, mientras que el novelista Alfonso Reyes fue nominado cinco veces para el Premio Nobel. A menudo se lo considera uno de los más grandes autores de la lengua española. Una de las novelas mexicanas más elogiadas es *Recuerdos del porvenir*, de Elena Garro. El libro se publicó en 1963, pero está ambientado justo después de la Revolución mexicana. En él, el ficticio pueblo sureño mexicano de Ixtepec sufre durante el turbulento periodo de las presidencias de Madero, Huerta y Carranza. La historia está contada por el propio pueblo e incluye pequeños toques de lo que se conocería como realismo mágico, un término que a Garro no le gustaba, pero que se asocia a menudo con los escritores latinos, especialmente mexicanos.

México, incluso en su pasado precolombino, fue escenario de muchas maravillas arquitectónicas y alberga más lugares declarados Patrimonio de la Humanidad por la UNESCO que ningún otro país de América. La cocina mexicana es una de las más célebres del mundo, mezcla ingredientes mesoamericanos con influencias europeas y asiáticas. El maíz, las judías, las papas, los tomates y una gran variedad de pimientos constituyen la parte principal de la mayoría de los platos, así como las carnes blancas y rojas y el marisco. México es el hogar de algunos de los sabores favoritos del mundo, como el chocolate y la vainilla. Aunque a veces se identifica la música mexicana solo con grupos de mariachis, en realidad el país cuenta con una gran variedad musical, que incluye música tradicional, rock, pop y folk. A menudo, la música se acompaña de baile. Uno de los bailes folclóricos más conocidos de México es el «baile del sombrero mexicano» o *jarabe tapatío,* que es el baile nacional de México.

Conclusión

La historia de México es verdaderamente épica: una grandiosa y arrolladora narración de poderosos individuos, ideas y movimientos. Desde los primeros seres humanos que llamaron a México su hogar hasta las ambiciones políticas de la próxima generación, México seguirá ocupando sin duda un lugar importante entre los países de habla hispana y el mundo. Quienes sigan ignorando la historia de México no comprenderán la situación actual del país, en constante evolución, y serán incapaces de apreciar el papel que México ha desempeñado en los acontecimientos mundiales. También se estarán perdiendo una historia apasionante. Las culturas mesoamericanas se encontraban entre las más productivas e interesantes de la antigüedad. La conquista española y la posterior colonización es un relato a la vez brutal y conmovedor por la complejidad del choque y la combinación de dos grandes civilizaciones. La lucha por la independencia de un imperio europeo se comprende en casi todos los continentes. La difícil situación de los pueblos indígenas de México tiene eco en las historias de los pueblos nativos de casi todos los rincones del mundo. La historia de México es la historia de la humanidad.

Vea más libros escritos por Enthralling History

Obras citadas

Anthony, Dani. "Bartolomé de las Casas and 500 Years of Racial Injustice". *Origins: Current Events in Historical Perspective.* https://origins.osu.edu/milestones/july-2015-bartolom-de-las-casas-and-500-years-racial-injustice?language_content_entity=en. Consultado el 18 de agosto de 2023.

"Aztec Civilization". *National Geographic Society*, 19 de mayo 2022. https://education.nationalgeographic.org/resource/aztec-civilization/. Consultado el 30 de julio de 2023.

"Benito Juárez". *New World Encyclopedia.* https://www.newworldencyclopedia.org/entry/Benito_Ju%C3%A1rez. Consultado el 18 de septiembre de 2023.

"Cacao in Olmec Society | Gastronomy Blog". *Boston University*, 20 de julio de 2017. https://sites.bu.edu/gastronomyblog/2017/07/20/cacao-in-olmec-society/. Consultado el 21 de julio de 2023.

Cadava, Geraldo. "The Anarchist Who Authored the Mexican Revolution". *The New Yorker*, 5 de octubre de 2022. https://www.newyorker.com/books/under-review/the-anarchist-who-authored-the-mexican-revolution. Consultado el 1 de octubre de 2023.

"The Calendar System". *Living Maya Time.* https://maya.nmai.si.edu/calendar/calendar-system. Consultado el 25 de julio de 2023.

Cervantes, Fernando. *Conquistadores: A New History of Spanish Discovery and Conquest.* Penguin Publishing Group, 2021.

Elliott, JH. *Aztec Triple Alliance 1998.* https://people.clas.ufl.edu/sgillesp/files/Aztec-Triple-Alliance-1998.pdf.

Consultado el 2 de agosto de 2023.

Fehrenbach, T. R. *Fire And Blood: A History Of Mexico*. Hachette Books, 1995.

Grove, David C. *Discovering the Olmecs: An Unconventional History*. University of Texas Press, 2014.

Handwerk, Brian. "Discovery in Mexican Cave May Drastically Change the Known Timeline of Humans' Arrival to the Americas". *Smithsonian Magazine*, 22 de julio de 2020. https://www.smithsonianmag.com/science-nature/when-did-humans-reach-america-mexican-mountain-cave-artifacts-raise-new-questions-180975385/. Consultado el 9 de julio de 2023.

Jansen, Maarten Evert Reinoud Gerard Nicolaas, y Gabina Aurora Pérez Jiménez. *Time and the Ancestors: Aztec and Mixtec Ritual Art*. Brill, 2017.

"Mexican War of Independence". *New World Encyclopedia*. https://www.newworldencyclopedia.org/entry/Mexican_War_of_Independence. Consultado el 26 de agosto de 2023.

"Miguel Hidalgo y Costilla (1753-1811)". *Banco de México*. https://www.banxico.org.mx/banknotes-and-coins/miguel-hidalgo-costilla-bankn.html. Consultado el 25 de agosto de 2023.

"Monumental Mexico – the art and culture of the Olmecs". *Minerva Magazine*. https://minervamagazine.com/monumental-mexico.html. Consultado el 19 de julio de 2023.

"Origins of Agriculture". *Archaeological Research in Oaxaca, Mexico*. https://sites.lsa.umich.edu/oaxaca-archaeology/origins-of-agriculture/. Consultado el 13 de julio de 2023.

Restall, Matthew. *When Montezuma Met Cortés: The True Story of the Meeting that Changed History*. HarperCollins, 2019.

Reyes, Raul A. "Our Lady of Guadalupe Is a Powerful Symbol of Mexican Identity". *NBC News*, 12 de diciembre de 2016. https://www.nbcnews.com/news/latino/our-lady-guadalupe-powerful-symbol-mexican-identity-n694216. Consultado el 25 de agosto de 2023.

Rugeley, Terry. *Epic Mexico: A History from Earliest Times*. University of Oklahoma Press, 2020.

Smith, Michael E. "The Aztecs Paid Taxes, Not Tribute". *Mexicon*, vol. 36, n.º 1, 2014, págs. 19-22. *JSTOR*.

Taube, Karl. "Aztec and Maya civilizations are household names — but it's the Olmecs who are the 'mother culture' of ancient Mesoamerica". *University of California*, 9 de junio de 2023. https://www.universityofcalifornia.edu/news/aztec-and-maya-civilizations-are-household-names-its-olmecs-who-are-mother-culture-ancient. Consultado el 21 de julio de 2023.

"To James Madison From William Davis Robinson, 28 December 1820". *Founders Online.* https://founders.archives.gov/documents/Madison/04-02-02-0165. Consultado el 28 de agosto de 2023.

VandeCreek, Drew. "The Mexican-American War". *Northern Illinois University Digital Library.* https://digital.lib.niu.edu/illinois/lincoln/topics/mexicanwar. Consultado el 9 de septiembre de 2023.

"What's happening at the U.S.-Mexico border in 7 charts". *Pew Research Center,* 9 de noviembre de 2021. https://www.pewresearch.org/short-reads/2021/11/09/whats-happening-at-the-u-s-mexico-border-in-7-charts/. Consultado el 20 de octubre de 2023.

William, Robinson D. *Memoirs of the Mexican Revolution.* Lackington, Hughes, Harding, Mavor, and Lepard, 1821.

"Zapata Assassinated: April 10, 1919". *Catholic Textbook Project,* 3 de abril de 2020. https://www.catholictextbookproject.com/post/zapata-assassinated-april-10-1919. Consultado el 19 de octubre de 2023.

Fuentes de imágenes

[1] HJPD, CC BY-SA 3.0 <https://creativecommons.org/licenses/by-sa/3.0>, vía Wikimedia Commons; https://commons.wikimedia.org/wiki/File:Tres_Zapotes_Monument_A.jpg

[2] https://commons.wikimedia.org/wiki/File:Historia_general_de_las_cosas_de_Nueva_Espa%C3%B1a_vol._1_folio_74v.png

[3] https://en.wikipedia.org/wiki/File:Moctezuma_Xocoyotzin_Newberry.jpg

[4] Enrique López-Tamayo Biosca, CC BY 2.0 <https://creativecommons.org/licenses/by/2.0>, vía Wikimedia Commons; https://commons.wikimedia.org/wiki/File:Our_Lady_of_Guadalupe_Shrine,_Irapuato,_Guanajuato_State,_Mexico_08.jpg

[5] https://commons.wikimedia.org/wiki/File:Jos%C3%A9_Joaqu%C3%ADn_de_Herrera.jpg

[6] https://en.wikipedia.org/wiki/File:Photograph_of_Benito_Juarez.jpg

[7] https://en.wikipedia.org/wiki/File:Victoriano_Huerta,_Retrato.png

[8] https://commons.wikimedia.org/wiki/File:Manuel_%C3%81vila_Camacho_in_the_1950s.jpg

[9] Eneas De Troya de Ciudad de México, México, CC BY 2.0 <https://creativecommons.org/licenses/by/2.0>, vía Wikimedia Commons; https://commons.wikimedia.org/wiki/File:Conf%C3%ADo_en_la_palabra_del_PRI_respecto_a_Pemex_Cuauht%C3%A9moc_C%C3%A1rdenas_(8434851979).jpg)

[10] https://commons.wikimedia.org/wiki/File:Miguel_Hidalgo_y_Costilla.png

[11] Gnew20, CC BY-SA 4.0 <https://creativecommons.org/licenses/by-sa/4.0>, vía Wikimedia Commons; https://commons.wikimedia.org/wiki/File:Antonio_Lopez_de_Santa_Anna,_president_of_Mexico.jpg

[12] https://commons.wikimedia.org/wiki/File:Victoriano_Huerta.(recortado).jpg

www.ingramcontent.com/pod-product-compliance
Lightning Source LLC
Chambersburg PA
CBHW070335010526
44107CB00004B/511